Viktor E. Frankl

Um Sentido Para a Vida

Psicoterapia e Humanismo

Viktor E. Frankl

Um Sentido Para a Vida

Psicoterapia e Humanismo

EDITORA
IDEIAS&
LETRAS

DIREÇÃO EDITORIAL:
Marlos Aurélio

COMISSÃO EDITORIAL:
Avelino Grassi
Fábio E. R. Silva
Márcio Fabri dos Anjos
Mauro Vilela

TRADUÇÃO:
Victor Hugo Silveira Lapenta

COPIDESQUE E REVISÃO:
Ana Aline Guedes da Fonseca de Brito Batista
Thiago Figueiredo Tacconi

DIAGRAMAÇÃO:
Érico Leon Amorina

CAPA:
Érico Leon Amorina

Título original: *The Unheard Cry for Meaning — Psychotherapy and Humanism*
©Viktor E. Frankl, Simon e Schuster.
New York, EUA, 1978.

Todos os direitos em língua portuguesa, para o Brasil, reservados à Editora Ideias & Letras, 2023.
28ª Impressão

EDITORA
**IDEIAS&
LETRAS**

Avenida São Gabriel, 495
Conjunto 42 - 4º andar
Jardim Paulista – São Paulo/SP
Cep: 01435-001
Televendas: 0800 777 6004
vendas@ideiaseletras.com.br
www.ideiaseletras.com.br

**Dados Internacionais de Catalogação na Publicação (CIP)
(Câmara Brasileira do Livro, SP, Brasil)**

Frankl, Viktor E., 1905-1997
Um sentido para a vida: psicoterapia e humanismo /
(tradução: Victor Hugo Silveira Lapenta)
Aparecida-SP: Ideias & Letras, 2005.

Bibliografia
ISBN 978-85-98239-35-6

1. Humanismo 2. Logoterapia 3. Psicoterapia existencial I. Título

89-0631   CDD: 616.8914 -144

Índices para catálogo sistemático:

1. Humanismo: Filosofia 144
2. Logoterapia: Medicina 616.8914
3. Psicoterapia existencial: Medicina 616.8914

*Uma palavra particular de agradecimento para minha mulher,
Eleonore Katharina, a quem agradeço todos os sacrifícios vividos
durante tantos anos com o objetivo de ajudar-me a ajudar
outras pessoas. Ela merece realmente as palavras que o
professor Jacob Needleman escreveu no livro que quis dedicar-lhe por
ocasião de uma viagem de conferências em que a levei comigo, como
sempre o faço. "Ao calor", escreveu ele, "que acompanha a luz".
Que o calor dure sempre, mesmo que a luz vá
se apagando aos poucos.*

Viktor E. Frankl

*Para Harry ou Marion,
uma criança que não nasceu.*

Índice

Prefácio. 11

O grito não escutado por um sentido para a vida 17

O desejo de sentido. 29

Um sentido para a vida. 39

Determinismo e Humanismo:
Crítica do Pandeterminismo 47

Crítica do puro encontro:
quanto é humanística a "psicologia humanista?" 68

A desumanização do sexo. 83

Sintoma ou terapia?
Um psiquiatra vê a literatura moderna. 89

Esporte — o ascetismo de hoje.................... 96

Temporalidade e
mortalidade: um ensaio ontológico 106

Intenção paradoxal e derreflexão 118

Referências Bibliográficas....................... 163

Bibliografia em Português 168

Índice Analítico 170

Prefácio

Este livro continua a sequência iniciada com os dois outros que o precederam, isto é, *Psycotheraphy and Existencialism* e *The Unconcious God: Psycotheraphy and Theology*.

A proposta inicial era fazer uma espécie de antologia de trechos escolhidos. Mas, quando reexaminei e ampliei os temas, ficou sempre mais evidente que, ainda que os trabalhos organizados em diferentes capítulos fossem completos, havia um fio condutor comum que os ligava estreitamente entre si. Fato ainda mais importante, os três primeiros capítulos examinavam os três princípios teóricos fundamentais nos quais estava baseado o sistema da logoterapia: a busca de um significado, o sentido da vida e a liberdade do querer.

A logoterapia é habitualmente classificada dentro das categorias da psiquiatria existencial ou da psicologia humanística. Entretanto, quem lê meus livros talvez tenha observado que faço alguns reparos críticos ao existencialismo, ou ao menos ao que tem sido chamado de existencialismo. Do mesmo modo, encontrará neste livro alguns ataques diretos contra o *assim chamado* humanismo ou, como eu o chamo, o pseudo-humanismo. Mas não se surpreenda, meu leitor: também sou contra a pseudologoterapia.

Vejamos brevemente a história da psicoterapia, com o objetivo de estabelecer o lugar que ocupam o existencialismo e o humanismo na psiquiatria e na psicologia. Aprendemos todos a lição de Sigmund Freud, o maior gênio da psicoterapia. Eu mesmo, até demais! (Pergunto-me se o leitor está informado do fato que em 1924 um trabalho meu foi publicado em *Internationale Zeitschrift für Psychoanalyse*, a convite ou por interesse pessoal de Sigmund Freud). Ele nos ensinou a *desmascarar o neurótico*, ou seja, a descobrir as motivações secretas e inconscientes que se escondem sob seu comportamento. Entretanto, como não me canso de dizer, tal desmascaramento deve conter-se no momento em que o psicanalista venha a se encontrar diante do que não pode ser ulteriormente desmascarado, pelo simples fato de ser autêntico. Mas se alguns "psicólogos desmascaradores" (como por algum tempo os psicanalistas chamavam a si mesmos) não se detêm quando se defrontam com algo autêntico, então acabam por desmascarar outra coisa. É sua própria motivação secreta, seu inconsciente desejo de desvalorizar, de degradar até o que é genuíno, aquilo que é autenticamente humano no homem, que é desmascarado.

Enquanto isso, a terapia comportamental, fundamentada na teoria da aprendizagem, ganhou muito do terreno sobre o qual a psicanálise mantivera-se em posição indiscutível. Os terapeutas do comportamento poderiam oferecer a prova de que muitas opiniões etiológicas dos freudianos são na verdade meras opiniões. Como nem toda neurose é reduzida às experiências traumáticas da primeira infância ou aos conflitos entre o *id*, o ego e o superego, assim também não é a remoção dos sintomas a causa daquelas curas que são obtidas, não pela psicanálise, mas sim pelas rápidas modificações do comportamento (se não por remissão espontânea). Desse modo pode-se creditar ao *behaviorismo* a *demitização da neurose*.[1]

---

[1] A expressão não é tão estranha se considerarmos que o próprio Freud descreveu essa teoria do

Contudo permanece uma sensação de amargura. Não é possível fazer frente aos males e desencontros de uma época como a nossa, tais como a falta de um sentido para a existência, a despersonalização e a desumanização, a não ser que a dimensão humana, a dimensão dos fenômenos humanos, seja incluída no conceito de homem que deve necessariamente estar na base de qualquer espécie de psicoterapia, seja ela em nível consciente ou inconsciente.

Bjarne Kvilhaug, um psicólogo norueguês, sustenta que a logoterapia deu novamente uma dimensão humana à teoria da aprendizagem. O falecido Nikolaus Petrilowitsch, do departamento de Psiquiatria da Universidade de Mainz na Alemanha Ocidental, afirmou que a logoterapia humanizou de novo a psicanálise e, mais especificamente, que a logoterapia, em contraste com todas as demais escolas de psicoterapia, não permanece na dimensão da neurose. O que pretende ele dizer? A psicanálise vê a neurose como o resultado de certas psicodinâmicas e procura, consequentemente, neutralizá-las, suscitando a ação de outras psicodinâmicas úteis para um relacionamento de transferência profunda. A terapia behaviorista, por sua vez, atribui a neurose a certos processos de aprendizagem ou de condicionamento e, consequentemente, prescreve novas aprendizagens e novos condicionamentos para neutralizá-la. Em ambos os casos, no entanto, como Petrilowitsch observou tão a propósito, a terapia permanece no plano da neurose. A logoterapia, ao contrário, como a vê ele, vai além desse plano, seguindo o homem na dimensão humana onde ele pode alcançar os recursos que, apenas aí, estão disponíveis – como as capacidades unicamente humanas de autotranscendência e do autodistanciamento.

Essa última capacidade vem posta em ação todas as vezes que é aplicada a técnica logoterapêutica da intenção paradoxal; a primeira é igualmente importante na diagnose e na terapia. Se não considerarmos a autotranscendência ou, no que lhe diz respeito, um de

---

instinto como uma "mitologia" e referiu-se aos instintos como "entidades míticas".

seus aspectos, como a tensão da busca de um significado para a vida, não poderemos jamais diagnosticar uma neurose noogênica que derive da frustação da tensão pelo significado e nem mesmo poderemos referir-nos a ela ou, se estiver reprimida, evocá-la do inconsciente do paciente. Que às vezes isso possa constituir nossa tarefa principal ficou provado com argumentos rigorosamente empíricos, desde que pesquisas estatísticas demonstraram que a tensão por um significado é um evidente "valor de sobrevivência".

Algo semelhante foi provado, novamente a partir de bases rigorosamente empíricas, com relação ao autodistanciamento, ou seja, que ele é um importante "mecanismo de defesa" incorporado, por assim dizer, na psique humana. Como depois demonstrarei, isso é verdadeiro, particularmente para aquele aspecto do autodistanciamento que é representado pelo senso de humor.

Em síntese, poderíamos dizer que a psicanálise nos ensinou a *desmascarar o neurótico* e o behaviorismo nos ensinou a *demitizar a neurose*. Ora, como Petrilowitsch e Kvilhaug o veem, a logoterapia está ensinando-nos a *"reumanizar" tanto a psicanálise como o behaviorismo*. Todavia, essa poderia ser uma simplificação excessiva; de fato, não se trata apenas de uma sucessão, mas também de uma convergência. Hoje é possível encontrarmos afirmações como aquela feita pelo mais notável seguidor de Freud na Alemanha ocidental, Wolfgang Loch, segundo o qual "o diálogo psicanalítico é essencialmente um esforço para criar um novo significado para a vida".[2] O diretor do *Behavior Therapy Center* de Nova York, Leonardo Bachelis, foi citado até judicialmente porque muitos indivíduos, que se submetem a tratamento em seu Centro, obtêm bons empregos e sucesso em suas carreiras, mas desejam matar-se porque acham a vida vazia e sem significado.[3]

Assim, há uma convergência na sequência. Quanto à *logoterapia*, eu mesmo sou um que sempre tenho ensinado que ela *não é uma*

---

2 *Psyche*, XXX, 10, 1976, pp. 865-898.
3 *American Psychological Association Monitor*, maio, 1976.

panaceia, e por isso é aberta à cooperação com outros métodos psicoterapêuticos e é aberta à sua própria evolução. É um fato incontestável que as escolas, sejam elas de orientação psicodinâmica ou de orientação behaviorista, ignoram amplamente a humanidade dos fenômenos humanos. Elas estão ainda atreladas ao carro do reducionismo, dado que esse continua dominando a cena do aprendizado psicoterapêutico. E o reducionismo é exatamente o contrário do humanismo. Eu diria que o reducionismo é uma forma de sub-humanismo. Confinando a si mesmo em limites sub-humanos, influenciado por um estreito conceito de verdade científica, ele constringe os fenômenos em um leito de Procusto, ou seja, dentro de um esquema preconcebido de interpretação, tanto pela análise dinâmica como pela teoria da aprendizagem. Entretanto, cada uma dessas escolas deu uma contribuição apreciável.

A logoterapia em caso algum invalida as descobertas sérias e legítimas dos grandes pioneiros como Freud, Adler, Pavlov, Watson ou Skinner. No âmbito das respectivas dimensões, cada uma dessas escolas tem sua palavra a dizer. Mas sua efetiva importância e real valor ficam evidentes apenas quando as colocamos no âmbito de uma dimensão mais alta, mais compreensiva, isto é, no âmbito da dimensão humana. Nesse âmbito, não há dúvida, o homem não pode mais ser considerado apenas como uma criatura cujo interesse fundamental é o de satisfazer as pulsões, de gratificar os instintos, ou então, dentro de certos limites, reconciliar entre o *id*, o ego e o superego, nem a presença humana pode ser entendida simplesmente como o resultado de condicionamentos ou de reflexões condicionadas. Ao contrário, o homem revela-se como um ser em busca de um sentido. O esvaziamento dessa busca explicita muitos males de nosso tempo. Como pode, então, um psicoterapeuta, que se recuse *a priori* a prestar ouvidos ao "inescutado grito por um sentido para a vida", defrontar-se com as neuroses de massa dos dias atuais?

Há muitas coisas em meus trabalhos e em meus livros, inclusive neste, que, estou certo, parecerão à primeira vista anacrônicos.

Mas estou igualmente certo que algumas delas são de grande atualidade. Basta considerar a emergência e a permanência em todo o mundo do sentimento de falta de um significado para a vida. Se essa é a neurose de massa dos anos setenta, posso dizer com toda a modéstia que seu advento e sua difusão foram preditos por mim já nos anos cinquenta e, mais cedo ainda, nos anos trinta, forneci sua terapia.

Viktor E. Frankl
Viena, primeiro dia de primavera de 1977

O grito não escutado
por um sentido para a vida[4]

Uma tradução literal do termo "logoterapia" é a "terapia através do sentido". Naturalmente poderia ser traduzido também como "cura através do significado", mas isso implica num tom religioso alto demais que não está necessariamente presente na logoterapia. Em todo o caso, a logoterapia é uma (psico)terapia centrada no sentido.

O conceito de uma *terapia através do significado* é exatamente o contrário daquele tradicional de psicoterapia que, antes, poderia ser definida como *significado através da terapia*. Na verdade, se a psicoterapia tradicional enfrenta honestamente o problema no sentido e do escopo do viver – quer dizer, se ela considera sentido e escopo em seu valor absoluto, e não os reduz a meros pseudovalores como em deduzi-los a "mecanismos de defesa" ou a "formações de reação"[5] –,

---

[4] Baseado na palestra intitulada "Terapia através do sentido", pronunciada na Universidade da Califórnia, em Berkley, no dia 13 de fevereiro de 1977.
[5] Repetindo uma resposta improvisada que dei a uma pergunta feita durante o debate que se seguiu a uma palestra, digo que, quanto a mim, não estou disposto a viver em função de minhas formações de reação, nem a morrer em consequência de meus mecanismos de defesa.

ela o faz porque está com disposição para recomendações, para dizer-lhes que, sempre que tiverem resolvido suas situações edipianas, que tiverem superado seus temores de castração, vocês serão felizes, realizarão a si mesmos e suas possibilidades potenciais e serão aquilo que vocês se propunham a ser. Em outras palavras, o sentido da vida lhes acontecerá sem que vocês o procurem. E isso não é pouco, é mais ou menos como dizer: "Procurai primeiro o reino de Freud e de Skinner, e todas as coisas vos serão dadas a mais".

Ela porém não segue tal caminho até o fundo. E tem acontecido que se uma neurose pôde ser removida, na maior parte dos casos, *quando* foi removida, deixou um vazio. O paciente estava perfeitamente ajustado e atuante, mas o sentido da vida tinha se perdido. O fato é que o paciente não tinha sido aceito como um ser humano, isto é, um ser em contínua procura de um sentido; na verdade, essa procura de sentido que é tão distintiva do homem, não foi considerada seriamente em seu valor absoluto, mas foi vista apenas como uma simples racionalização de psicodinâmicas inconscientes subjacentes. Foi desprezado ou esquecido que se uma pessoa chegou a colocar as bases do sentido que procurava, então está pronta a sofrer, a oferecer sacrifícios, a dar até, se necessário, a própria vida por amor daquele sentido. Ao contrário, se não existir algum sentido para seu viver, uma pessoa tende a tirar-se a vida e está pronta para fazê-lo mesmo que todas suas necessidades sob qualquer aspecto estejam satisfeitas.

A coisa ficou inteiramente clara para mim depois dessa notícia que recebi de um de meus antigos estudantes: numa universidade americana 60 jovens, que haviam tentado o suicídio, foram sucessivamente entrevistados e 85% deles afirmaram que a razão daquele gesto era que "a vida parecia vazia de sentido". O fato mais importante é que 93% desses estudantes que sofriam pela ausência de sentido para a vida "eram ativamente participantes no plano social, tinham boa situação acadêmica e tinham um bom relacionamento com todos os membros de suas famílias". O que temos nesse caso, diria eu, é exatamente um grito não escutado por um sentido para a vida e isso não está limitado apenas a uma universidade. Consideremos a impressionante taxa de suicídios de estudantes universitários americanos, abaixo apenas dos acidentes rodoviários na escala das causas mais frequentes de morte. Mas as *tentativas* de suicídio são talvez quinze vezes mais numerosas.

O fenômeno acontece exatamente nas sociedades de nível de vida mais elevado e nas condições de maior bem-estar. É demasiadamente longo o sonho do qual só agora despertamos. Sonhamos que bastava fazer progredir as condições socioeconômicas de uma pessoa para que tudo caminhasse bem, para que ela ficasse feliz. A verdade é que, a *luta pela sobrevivência* não se acaba, e ponto. De repente brota a pergunta: "Sobreviver? Mas pra quê?". Em nossos dias um número cada vez maior de indivíduos dispõe de recursos para sobreviver, mas não de um sentido pelo qual viver.[6]

Por outra parte vemos pessoas que são felizes em condições adversas, mesmo se terríveis. Permitam-me citar um trecho de uma carta que recebi de Cleve W., que me escreveu quando era o número 049246 numa prisão americana:

> *Aqui na prisão... há muitas e muitas agradáveis ocasiões de ser útil e de crescer. Na realidade sou mais feliz agora do que em qualquer outra ocasião.*

Note-se: mais feliz do que nunca na cadeia!

Ou então, deixem-me apresentar uma carta que há pouco recebi de um médico de família dinamarquesa:

---

[6] Há um sentido paralelo com esse estado de coisas a nível ontogenético, mais que a nível filogenético. Como um de meus antigos assistentes na Universidade Harvard pôde demonstrar, entre os diplomados daquela escola que chegaram a uma vida de sucesso aparentemente feliz, uma porcentagem significativa queixava-se de um profundo senso de futilidade, este perguntava para que servia todo o êxito obtido. Isso não sugere que aquilo que hoje com frequência é denominado "crise da meia idade" seja basicamente uma crise de sentido?

> *Por seis meses meu pai esteve gravemente doente de câncer. Nos últimos três meses de vida ele viveu em minha casa, cuidado por minha querida esposa e por mim. Pois bem, o que quero dizer é que aqueles três meses foram o período mais feliz de minha vida e de minha mulher. Sendo eu médico e ela enfermeira, tínhamos todos os recursos para enfrentar qualquer emergência, mas enquanto viver jamais esquecerei todas aquelas noites em que eu lia para ele passagens do livro que o senhor escreveu. Durante aqueles três meses ele sabia que sua doença era fatal... mas nunca lhe saiu da boca um lamento. Até sua última noite eu o entretive dizendo-lhe o quanto estávamos felizes por ter podido fazer a experiência daquele contato íntimo naquelas últimas semanas e o quanto teríamos sido infelizes se ele estivesse morrido de um ataque cardíaco que durasse poucos segundos. Ora, eu não me limitei a ler sobre essas coisas, eu fiz a experiência direta, tanto que posso esperar ser eu também capaz de ir ao encontro de minha morte do mesmo modo que meu pai.*

Eis aí, de novo alguém que é feliz diante de um drama, e apesar de seu sofrimento – a partir, contudo, de um sentido! Existe verdadeiramente uma força terapêutica no sentido.

Para retomar o argumento da terapia mediante o sentido, seria válido dizer que a neurose é provocada em cada indivíduo e em cada caso pela falta de sentido? Certamente não. A única coisa que desejo afirmar é que *se há uma falta de sentido*, o preencher esse vazio resultará em um efeito terapêutico, mesmo que a neurose *não* tenha sido causada por um vazio. O grande médico Paracelso estava certo quando dizia que as doenças têm origem no reino da natureza, mas a cura provém do reino do espírito. Para dizê-lo em termos mais técnicos, e isso com a terminologia da logoterapia, uma neurose não é necessariamente noogênica, isto é, derivada de um sentimento de falta de sentido para a vida. Há lugar também para as psicodinâmicas e para os processos de condicionamento e de aprendizagem que estão na base das neuroses psicogênicas, que são as neuroses em sentido tradicional. Mas a logoterapia insiste no fato que, além desses fatores patogênicos, há também uma dimensão de fenômenos especificamente humanos como a busca que o homem faz de um sentido de sua vida e, se não quisermos reconhecer que a frustração dessa busca pode também causar neuroses, não poderemos compreender as doenças de nosso tempo e consequentemente não poderemos fazer nada para superá-las.

Em tal contexto gostaria de sublinhar o fato que a dimensão humana – ou, como ela é chamada também na logoterapia, a dimensão noética – vai além da dimensão psicológica e por isso ela é mais alta. Mas "ser mais alta" quer dizer apenas que é mais abrangente desde que inclua também a dimensão mais baixa. Os dados relativos às dimensões do indivíduo não podem ser tais que um exclua o outro e vice-versa. A unicidade do homem, em sua humanidade, não está em contradição com o fato de que nas dimensões psicológica e biológica ele ainda seja um animal.

Consequentemente, é para nós perfeitamente legítimo servimo-nos dos resultados mais sérios das pesquisas, seja de orientação psicodinâmica, seja de inspiração behaviorista e adotarmos algumas das técnicas que nelas fundamentam-se. Quando essas técnicas são incorporadas em uma psicoterapia que siga o homem em sua dimensão humana, como faz a logoterapia, sua efetiva capacidade terapêutica só poderá ganhar potencialidade.

Falei da dimensão biológica. De fato, junto aos fatores noéticos e psicológicos, também os somáticos estão envolvidos na etiologia das doenças mentais. Ao menos na etiologia das psicoses (mais que das neuroses) a bioquímica e a hereditariedade têm certa importância, ainda que a parte maior da sintomatologia seja de caráter psicogênico.

Por último, mas não menos importante, devemos registrar o fato que há também neuroses sociogênicas. Essa definição é particularmente aplicável às neuroses de massa de nosso tempo, vale dizer do sentimento de falta de sentido da existência. Hoje os pacientes não acusam mais, como faziam no tempo de Adler e de Freud, sentimentos de inferioridade ou frustrações sexuais.

Hoje vêm consultar a nós psiquiatras porque estão aflitos com um sentimento de inutilidade da vida. O problema que os leva a encher nossas clínicas é agora o da frustração existencial, isto é, o problema do "vazio existencial" – termo cunhado por mim em 1955. Tenho descrito essa mesma condição em publicações que chegam a 1946. Por isso nós, logoterapeutas, podemos dizer que tínhamos consciência do que estava reservado às massas, muito antes que se tornasse um fenômeno de tão ampla difusão no mundo inteiro.

Albert Camus afirmou uma vez: "Há um só problema verdadeiramente sério e é... estabelecer se vale ou não a pena viver..."[7] Recordei-me recentemente dessa afirmação quando me foi comunicado uma notícia na qual vejo a confirmação daquilo que disse há pouco, ou seja, que o problema existencial de dar um sentido para a vida e a procura existencial de um sentido da vida são coisas que hoje causam obsessão aos indivíduos mais que seus problemas sexuais. Um professor de um instituto médio superior convidou seus alunos a apresentar-lhe qual problema desejavam eventualmente aprofundar, com a permissão de fazê-lo de forma anônima. As questões que lhe foram apresentadas iam desde a toxicodependência ao sexo até à vida em outros planetas. Mas a questão mais frequente — quem acreditaria! — foi o suicídio.

Mas quais são as razões pelas quais sobrepomos à sociedade tal estado de coisas? Temos razão quando diagnosticamos uma neurose de origem social? Consideremos a sociedade atual: ela gratifica e satisfaz virtualmente qualquer necessidade, com exceção de uma só, a necessidade de um sentido para a vida. Podemos dizer que certas necessidades são criadas artificialmente pela sociedade de hoje e, no entanto, a necessidade de um sentido permanece insatisfeita - exatamente no meio de nossa opulência e apesar dessa.

---

7   CAMUS, A. *The Myth of Sisyphus*, New York, Vintage Books, 1955, p. 3.

A riqueza geral da sociedade reflete-se não apenas nos bens materiais, mas também no tempo dedicado ao ócio. A esse propósito escutemos o que escreve Jerry Mandel:

> A tecnologia privou-nos da necessidade de fazer uso de nossas capacidades de sobrevivência. Desenvolvemos um sistema de bem-estar o qual garante que podemos sobreviver sem fazer nenhum esforço no próprio interesse. Do momento em que apenas 15% da força de trabalho de uma nação poderia, de fato, prover às necessidades de toda a população graças ao emprego da tecnologia, devemos então enfrentar dois problemas: quais 15% deveriam trabalhar e como os demais enfrentarão o fato de não serem necessários, com a consequente perda do significado de suas vidas. Talvez a logoterapia deverá dizer à América do século XXI, mais do que já tenha dito àquela do século XX.[8]

Hoje, concordo, devemos fazer as contas também com o ócio involuntário sob a forma da desocupação. Essa pode provocar uma neurose específica – "neurose da desocupação", como a chamei pela primeira vez que a descrevi em 1933. Mas, uma segunda vez em uma pesquisa mais acurada, foi possível verificar que a causa real dessa neurose era a confusão pelo fato de serem desocupados com a própria inutilidade. Da confusão nascia o sentimento de falta de sentido da vida. A compensação financeira ou, dentro de certos limites, a segurança social não bastam. O homem não vive apenas de bem-estar material.

Tomemos, por exemplo, o típico estado de bem-estar da Áustria que tem a sorte de gozar de segurança social e não é afligida pela praga do desemprego. Numa entrevista nosso primeiro ministro, Bruno Kreisky, expressou preocupação pelas condições psicológicas de seus concidadãos, dizendo que hoje é mais importante e urgente neutralizar o sentimento de que a vida não tenha significado algum.

---

8 Texto não publicado.

Esse sentimento, o vazio existencial, vem crescendo e difundindo-se a ponto de poder ser chamado neurose de massa. Existe a respeito ampla confirmação sob a forma de artigos em publicações especializadas, uma vez que o fenômeno não está limitado aos estados capitalistas, mas pode ser observado também nos países comunistas. E mais, ele se faz notar também no terceiro mundo.[9]

Isso chama a atenção para o problema de sua etiologia e de seus sintomas. Quanto a primeira, consintam-me oferecer esta breve explicação: diversamente do que acontece aos outros animais, ao homem não vem imposto por pulsões e instintos o que deve fazer e, diversamente do homem de outros tempos, não lhe vem imposto o que deveria fazer por tradições e valores tradicionais. Ora, não existindo tais imperativos, o homem talvez não saiba mais o que quer fazer. O resultado? Ou faz o que fazem os outros — o que vem a ser conformismo — ou então faz o que outros impõem que ele faça — o que vem a ser totalitarismo.

James C. Crumbaugh, Leonard T. Maholick, Elisabeth S. Lukas e Bernard Dansart desenvolveram vários testes logoterapêuticos (PIL, SONG e LOGO) a fim de verificar o grau de frustração existencial em uma dada população, e assim é possível verificar também empiricamente e convalidar a minha hipótese sobre a origem do vazio existencial. Quanto à função atribuída à decadência das tradições, encontro algumas confirmações de convalidação na tese de láurea defendida na Universidade da Califórnia por Diana D. Young. Ela pôde provar, a partir de testes elaborados estatisticamente, que os jovens sofrem o vazio existencial mais que os velhos. Desde que é sempre nos jovens que se nota um declínio mais pronunciado das tradições, tal resultado sugere a ideia que exatamente o desmoronamento das tradições seja o fator mais importante para explicar

---

9 Veja-se KLITZE, Louis L., "Students in Emerging Africa: Humanistic Psychology and Logotherapy in Tanzania", *American Journal of Humanistic Psychology, 9. 1969,* pp. 105-126. PHILBRICK, Joseph L. "A Cross-Cultural Study of Frankl's Theory of Meaning-in-Life", artigo apresentado no encontro do American Psychological Association.

o vazio existencial. Isso combina com uma declaração de Karol Marshal, do Centro de Higiene Mental de Bellevue, Washington, a qual "definiu o sentimento daqueles abaixo dos 30 anos que recorreram ao Centro pedindo ajuda, como um sentimento de ausência de objetivos da existência".[10]

Falando dos jovens, me vem à mente uma conferência que fui convidado a fazer numa universidade americana muito importante. A insistência dos estudantes que tinham programado a conferência era que o título fosse o seguinte: "É louca a nova geração?". Realmente é tempo de perguntar-nos se os indivíduos que sofrem por um sentimento de falta de sentido em suas vidas são efetivamente neuróticos e, se o são, em que sentido? Afinal, a pergunta poderia ser assim formulada: A neurose que chamamos *neurose de massa* de nosso tempo é realmente uma neurose?

Permitam-me adiar a resposta para mais adiante e passar rapidamente em revista a sintomatologia do vazio existencial que gostaria de chamar de tríade da *neurose de massa*: a depressão, a agressão, e a toxicodependência.

Já examinamos e discutimos que a depressão e o suicídio são consequências dela. Quanto à agressão, aconselho a ler o capítulo sobre o esporte. Assim resta-nos a análise do terceiro aspecto da tríade, com o objetivo de demonstrar que, ao lado da depressão e da agressão, também toxicodependência deve ser, ao menos em parte, ligada ao sentimento de falta de sentido da vida.

Desde que formulei essa hipótese numerosos autores a sustentaram. Betty Lou Padelford dedicou uma tese à: "Influência do ambiente étnico, do sexo e da imagem paterna sobre a relação entre toxicodependência e projeto de vida". (Universidade Internacional dos Estados Unidos. San Diego, janeiro de 1973). Os dados de sua pesquisa com 416 estudantes *"não conseguiram* demonstrar significativa diferença entre o grau de toxicodependência referido pelos

---

10 *American Psychological Association Monitor*, maio de 1976.

estudantes que possuíam uma débil imagem paterna com relação ao grau dos estudantes que tinham uma imagem forte do pai". Todavia, revelou-se, além de qualquer dúvida razoável, uma relação significativa entre a toxicodependência e o projeto de vida (r = -0,23; p<0,001). Encontrou-se também que o índice médio de toxicodependência para os estudantes com projeto de vida medíocre (8,90) era significativamente diferente do relativo aos estudantes com projeto de vida elevado (4,25).

A doutora Padelford faz também a recensão da literatura sobre o assunto que, como a sua própria pesquisa, é favorável à minha hipótese sobre o vazio existencial. Nowlis levantou o problema sobre por que os estudantes seriam atraídos pela droga e achou que uma das razões, com frequência afirmada por eles, era "o desejo de encontrar um significado para a vida". Uma pesquisa sobre 455 estudantes da cidade de San Diego, conduzida por Judd e outros para a *National Commission on Marijuana and Drug Abuse*, concluiu que os consumidores de marijuana e de alucinógenos denotavam ser preocupados pela falta de um sentido para suas vidas mais que os não consumidores. Outra pesquisa, conduzida por Mirin e outros, revelou que o consumo de drogas pesadas era correlativo à tentativa e à esperança de fazer uma experiência plena de significado e ao mesmo tempo a uma diminuição da atividade dirigida para a obtenção de um objetivo. Linn, numa pesquisa de 1968, examinou 700 estudantes da Universidade do Wisconsin e concluiu que os consumidores de marijuana, com relação aos não consumidores, eram mais interessados no problema do sentido da vida. Krippner e outros formularam a teoria onde o uso da droga pode ser uma forma de psicoterapia autoadministrada por aquelas pessoas que têm problemas existenciais e citam, como sustentação da mesma, a resposta 100% positiva dada à pergunta: "Existem coisas que lhe parecem sem sentido?" Shean e Fechtmann descobriram que os estudantes, os quais haviam fumado marijuana por mais de 6 meses, registravam uma pontuação significativamente baixa (p 0,001) no teste Projeto de Vida de Crumbaugh (PIL), em comparação aos não consumidores.

Resultados análogos têm sido encontrados com relação ao alcoolismo. Annemarie von Forstmeyer em uma tese demonstrou que 18 a cada 20 alcoólatras consideravam a própria existência como sem sentido e privada de objetivos (Universidade Internacional dos Estados Unidos, 1970). Consequentemente as técnicas orientadas segundo os princípios da logoterapia demonstraram-se superiores às outras formas de tratamento. Quando James C. Crumbaugh mediu o vazio existencial para confrontar o resultado da logoterapia de grupo com os resultados conseguidos por um Centro para a cura do alcoolismo e por um programa de maratona psicoterapêutica "apenas a logoterapia demonstrou uma melhora estatisticamente significativa".[11]

Uma das finalidades da logoterapia deve ser prestar-se para a cura da toxicodependência, isso foi demonstrado por Alvin R. Fraiser, do *Narcotic Addict Rehabilitation Center*, em Norco, na Califórnia. Desde 1966 ele tem usado a logoterapia no tratamento de toxicodependentes e, quanto ao resultado, diz: "Sou o único conselheiro na história do instituto a ter por três anos consecutivos uma altíssima taxa de sucesso (aqui sucesso quer dizer que o toxicodependente não retornou ao instituto no espaço de um ano desde a sua alta). O critério usado por mim no tratamento dos toxicodependentes alcançou uma taxa trienal de sucesso de 40%, sendo a média do instituto de aproximadamente 11% (com o emprego de métodos aprovados)".

É óbvio que, somados aos três sintomas do vazio existencial, não sempre reconhecidos como tais, incluídos na tríade da neurose de massa, pode haver ainda outros, sejam estes manifestos ou a nível oculto. Para retornar ao problema de estabelecer se o

---

11 "Changes in Frankl's Existential Vacuum as a Measure of Therapeutic Outcome", *Newsletter for Research in Psychology*, 14, 1972, pp. 35-37.

sentimento de falta de um sentido da vida pode ou não se constituir ele próprio numa doença mental, Sigmund Freud escreveu em uma carta à princesa Bonaparte: "No momento mesmo em que alguém procura compreender o sentido ou o valor da própria vida, esse alguém está doente". Mas eu, ao contrário, penso que, longe de revelar uma doença mental, quem se atormenta por encontrar um sentido para sua vida demonstra, antes, humanidade. Não acontece que alguém seja neurótico por ter interesse na procura do sentido da vida, é, isto sim, necessário que seja um ser autenticamente humano. No final das contas, como já coloquei em evidência, a procura do sentido é uma característica distintiva do ser humano. Nenhum outro animal jamais se preocupou com o fato de que sua vida tivesse ou não um significado, nem mesmo os gansos cinzentos de Konrad Lorenz. Mas o homem, sim.

O desejo de sentido

O homem procura sempre um significado para sua vida. Ele está sempre se movendo em busca de um sentido de seu viver; em outras palavras, devemos considerar aquilo que chamo a "vontade de sentido"[12] como um "interesse primário do homem", para citar o comentário que Abraham Maslow fez sobre um de meus trabalhos.[13]

E é exatamente esse desejo de sentido que permanece insatisfeito na sociedade atual e não encontra consideração alguma por parte da psicologia moderna. As teorias atuais sobre a motivação veem o homem como um ser que ou reage a estímulos, *ou obedece* aos próprios impulsos. Estas teorias não levam em consideração o fato de que, na realidade, em vez de reagir ou obedecer, o homem *responde,* isto é, responde às questões que a vida lhe coloca e por essa via realiza os significados que a vida lhe oferece.

---

12 FRANKL, Viktor E. *Der Unbedingte Mensch: Metaklinische Vorlesungen,* Viena, Franz Deuticke, 1949.
13 In Anthony J. Sutich and Miles A. Vich, eds., *Readings in Humanistic Psychology,* New York, The Free Press, 1969.

Poder-se-ia objetar que isso seja fé, não um fato. Na realidade, desde quando, em 1938, cunhei o termo "psicologia das alturas", com o objetivo de integrar (e não de suplantar) aquela que é chamada "psicologia do profundo" (ou seja a psicologia psicodinâmica), tenho sido muitas vezes acusado de sobrevalorizar o homem colocando-o num pedestal muito elevado. Consintam que eu repita aqui um exemplo que com frequência tem revelado-se didático. Em aviação existe uma manobra chamada *crabbing*.[14] Suponhamos que sopre um vento contrário do norte e que o aeroporto, aonde quero aterrissar, encontre-se em direção leste. Se eu voar em direção leste, errarei minha destinação porque o aparelho se deixará levar pelo vento para o sudeste. Por isso, para atingir o aeroporto, devo compensar essa deriva corrigindo a linha de voo com o leme, isto é, com o *crabbing*, dirigindo o aparelho para um ponto ao norte daquele em que pretendo descer. A mesma coisa vale para o homem: também ele chega a um ponto mais abaixo daquele que poderia atingir, se não for considerado a um nível cima que inclua suas mais altas aspirações.

Se quisermos valorizar e empenhar o potencial humano em sua forma mais elevada possível, devemos antes de tudo acreditar que ele existe e que está presente no homem. Se não, o homem deverá "desviar-se", deverá deteriorar-se, porque o potencial humano existe, sim, mas na pior forma. Por outro lado, não devemos permitir que nossa fé na potencial humanidade do homem induza-nos a esquecer o fato de que, na realidade, os homens *humanos* são, e provavelmente sempre serão, uma minoria. Contudo é exatamente esse fato que deve estimular a cada um de nós a unir-se à minoria: as coisas vão mal, mas se não fizermos o melhor que pudermos para fazê-las progredir, tudo será pior ainda.

Assim, em vez de recusar o conceito de desejo de sentido como se fosse alguma coisa na qual se acredita apenas porque é

---

14   *Crabbing*: correção da direção de voo com o timão (NT).

desejada com intensidade, poder-se-ia imaginá-lo de modo mais legítimo como uma profecia de cumprimento automático. Há qualquer coisa de verdade na observação de Anatole Broyard: "Se o termo usado na gíria para indicar os psicanalistas é 'contração', então para os logoterapeutas deveria ser usado 'extensão'".[15] Efetivamente, a logoterapia estende o conceito de homem incluindo nele não apenas as suas aspirações mais altas, mas também a esfera na imaginação do paciente naquilo em que ela atende às suas possibilidades de nutrir e reforçar o seu desejo de sentido. Pela mesma razão a logoterapia imuniza o paciente contra o conceito mecanicístico, desumanizante do homem, através do qual para muitos é vendida uma "contração". Em outros termos, a logoterapia torna o paciente *resistente à contração*.

A objeção segundo a qual não se deveria apreciar o homem de maneira tão elevada, pressupõe que seja perigoso supervalorizá-lo. Mas, é ao contrário, muito mais perigoso subvalorizá-lo, como precisamente o evidenciou Goethe. O homem, principalmente na idade juvenil, pode ser estragado exatamente porque foi desvalorizado. Ao contrário, se temos conhecimento das nobres aspirações de um jovem, como por exemplo seu desejo de sentido, temos condição de invocá-las e de ativá-las.

O desejo de sentido não é apenas questão de fé mas também uma realidade. Desde quando introduzi esse conceito em 1949, ele tem sido confirmado e empiricamente convalidado por numerosos autores que empregaram testes e métodos estatísticos. O teste Projeto de Vida (PIL-test),[16] criado por James C. Crumbaugh e Leonard T. Maholik e o Logoteste de Elisabeth S. Lukas foram aplicados em milhares de sujeitos e os dados fornecidos pelo computador não deixam dúvida alguma de que a desejo de sentido seja um fato real.

---

15   *The New York Times*, 26 de novembro de 1975.
16   Psychometric Affiliates. P.O. Box 3167, Munster, Indiana, 46321.

Analogamente a pesquisa, conduzida por S. Kratochvil e I. Planova do Departamento de Psicologia da Universidade de Brno na República Checa, forneceu a prova de que "o desejo de sentido é realmente uma necessidade específica não reduzível a outras necessidades e está presente em medida maior ou menor em todos os seres humanos". Os autores continuam: "A importância da frustração dessa necessidade foi documentada também pelo material relativo a casos de pacientes afetados por neuroses ou depressões. Em alguns casos a frustração do desejo de sentido teve um papel relevante como fator etiológico no dar origem à neurose ou à tentativa de suicídio".

Poderíamos ainda considerar o resultado de uma investigação publicada pelo *American Council on Education*. Em 171.509 estudantes avaliados, o objetivo mais elevado — que 68,1% declarou ter — foi "o desenvolvimento de uma filosofia da vida rica de significado".[17] Outra investigação com 7.948 alunos de 48 faculdades foi conduzida pela Universidade John Hopkins e patrocinada pelo Instituto Nacional de Higiene Mental. Desses estudantes apenas 16% declarou que seu objetivo principal era ganhar muito dinheiro, enquanto 78% assinalou a seguinte resposta: "encontrar um objetivo e um sentido para minha vida".[18] Resultados análogos foram obtidos pela Universidade de Michigan: 1.533 agricultores foram convidados a graduar em ordem de importância os vários aspectos de sua atividade profissional e o "bom pagamento" colocou-se apenas em quinto lugar na escala geral. Não é de espantar portanto o fato de Joseph Katz da Universidade do Estado de Nova Iorque, analisando algumas sondagens recentes, ter dito que "a próxima onda de pessoal admitido pela indústria estará interessada em carreiras com significado, não com bons salários".[19]

---

17 JACOBSON, Robert L., *The Cronicle of Higher Education* (Washington, D.C.: American Council on Education, 10 de janeiro de 1972).
18 *Los Angeles Times*, 12 de fevereiro de 1971.
19 KATZ, Joseph. *Psychology Today*, vol. 5, n. 1.

Retomemos a investigação iniciada pelo Instituto Nacional de Higiene Mental. 78% dos alunos declararam que o objetivo principal para eles era encontrar um sentido para a vida (78% que, por acaso, correspondem exatamente ao mesmo percentual de jovens poloneses que consideraram como objetivo principal de suas vidas algo completamente diferente: "Melhorar seus padrões de vida" — *Kurier,* 8 de agosto de 1973). Parece que aqui deveria ser aplicada a hierarquia das necessidades de Maslow: primeiro é necessário realizar um padrão de vida satisfatório e só então será possível enfrentar a tarefa de encontrar um objetivo e um significado da existência, como o pretendem os estudantes americanos. A questão é saber se, para estabelecer um bom sistema e vida, será suficiente organizar a própria situação socioeconômica (e assim poder permitir-se depois um bom psicanalista para organizar também a situação psicodinâmica própria). Eu creio que não. É natural que alguém doente deseje reconquistar a saúde, a ponto de lhe parecer que esse seja o supremo objetivo da vida. Mas, na realidade a saúde é apenas um meio para um fim, uma precondição para que se obtenha qualquer coisa que possa ser considerada com significado em um determinado contexto e situação. Em tal caso é preciso estabelecer qual seja o fim que está além dos meios. Um método apropriado para uma investigação de tal gênero pode bem ser uma espécie de diálogo socrático.

A teoria da motivação de Maslow não parece ser suficiente para esse objetivo. Na realidade, o que importa não é tanto saber distinguir entre necessidades mais elevadas e necessidades mais baixas, mas, sim, saber responder à questão se os objetivos de um indivíduo são apenas meios ou significados. Na vida cotidiana nós estamos plenamente conscientes desta diferença. Não o estivéssemos não poderíamos rir diante da história em quadrinhos que mostra Snoopy chorando porque sua vida é sem sentido e inteiramente vazia, até que apareça Charlie Brow com uma vasilha de comida para cães e então Snoopy exclama: "Ah! Eis aí o sentido da vida!'". O que faz rir é sem dúvida a confusão entre meios e significados; ainda que o alimento seja uma condição necessária para a sobrevivência, ele não é uma condição suficiente para dar sentido à nossa vida e superar a sensação de vazio e de inutilidade de nossa existência.

A distinção de Maslow entre necessidades mais elevadas e mais baixas não explica o fato de que, quando as mais baixas não são satisfeitas, uma necessidade mais elevada, o desejo de sentido, pode transformar-se na mais urgente de todas. Limitemo-nos a considerar situações tais como, por exemplo, entrarmos num cemitério ou simplesmente num velório: quem poderia negar que em semelhantes circunstâncias o primeiro pensamento que irrompe de modo irresistível é exatamente o do significado, o do extremo significado?

Diante de um leito de morte a coisa é óbvia. Poderia ser menos óbvio o que aconteceu no gueto de Theresienstadt: foi publicada uma lista com o nome dos cerca de mil jovens que na manhã seguinte seriam retirados do gueto. Quando amanheceu o dia, era do conhecimento geral que a livraria do gueto fora esvaziada. Cada um daqueles rapazes — que estavam condenados a morrer no campo de concentração de Auschwitz — pegara um par de livros do poeta, do romancista ou pensador preferido e o escondera na mochila. Quem vai então me convencer que tinha razão Bertolt Brecht quando proclamava em sua *Ópera dos três Vinténs:* "Em primeiro lugar vem a pança para encher, depois a moral!" "*Erst kommt das Fressen, dann kommt die Moral*".

Contudo, como também já vimos, a abundância e não apenas a extrema necessidade, pode fazer surgir no homem a procura de um sentido, ou, como é provável que se verifique, pode frustrar o desejo de sentido. Isso acontece pela abundância em geral e, em particular, por aquela que tem a forma de ócio. Portanto, uma vez que tanto a satisfação como a frustração das necessidades mais baixas podem provocar o homem a procura de um sentido, devemos concluir que a necessidade de um sentido é independente das outras necessidades. Daí se deduz que a necessidade de sentido não pode ser reduzida às demais necessidades, nem delas extraída.

O desejo de sentido é, não só uma genuína manifestação da humanidade do homem, mas também — como foi provado por Theodor A. Kotchen — um plausível indício de saúde mental. Essa hipótese foi sustentada por James C. Crumbaugh, Irmã Mary Raphael e Raymond R. Shrader, os quais mediram o desejo de sentido e verificaram os índices mais altos entre os grupos sociais bem motivados que tinham obtido um sucesso notável na vida profissional e nos negócios. Ao contrário, a falta de significado e de objetivo existencial é indício de uma incapacidade emotiva de adaptação ao ambiente, como foi provado empiricamente por Elisabeth S. Lukas. Para citar Albert Einstein: "O homem que considera sua vida sem sentido, não é simplesmente um infeliz, mas alguém que dificilmente adapta-se à vida". Não se trata apenas de sucesso e de felicidade, mas sim de sobrevivência. Na terminologia da psicologia moderna o desejo de sentido é um "valor de sobrevivência". É essa a lição que tive de aprender nos três anos passados em Auschwitz e Dachau: *ceteris paribus* (restando iguais as demais coisas), as coisas mais idôneas para a sobrevivência nos campos eram as orientadas para o futuro — para uma tarefa ou para uma pessoa que, durante a espera, eram projetadas no futuro e para um sentido da vida que no futuro iriam realizar.[20]

---

20 É verdade que se havia alguma coisa para sustentar um homem numa situação extrema como em Auschwitz e Dachau, essa era a consciência de que a vida tem um sentido a ser realizado, ainda que no futuro. Mas sentido e propósito eram apenas uma condição necessária para sobrevivência, não uma condição suficiente. Milhões morreram apesar de sua visão de sentido e propósito. Sua fé não conseguiu salvar-lhes a vida, mas permitiu-lhes enfrentar a morte de cabeça erguida. Por isso mesmo achei adequado prestar-lhes um tributo por ocasião da inauguração da *Frankl Library and Memorabilia na Graduate Theological Union,* em Berkeley, Califórnia, quando apresentei o estojo com uma doação: um simples punhado de terra e cinzas que trouxera comigo de Auschwitz. "Isso é para recordar aqueles que ali viveram como heróis e morreram como mártires. Incontáveis exemplos de tal heroísmo e martírio testemunham a capacidade, que é só do homem, de descobrir e realizar um sentido, ainda que *"inextremis"* e *"inultimis"* - numa extrema situação de vida como em Auschwitz e mesmo diante da morte na câmara de gás. Possa nascer daquele sofrimento inimaginável uma consciência maior do incondicional sentido da vida", foram minhas palavras.

A mesma conclusão tem sido proclamada por outros autores de obras sobre campos de concentração e por pesquisas psiquiátricas sobre campos por prisioneiros de guerra japoneses, norte-coreanos e norte-vietnamitas. Numa ocasião, tive como alunos, três oficiais americanos que prestaram serviço por um longo tempo — até sete anos — em um campo de prisioneiros de guerra norte-vietnamitas. Pois bem, eles também haviam observado que os prisioneiros, que pensavam que havia alguém ou alguma coisa que os esperava, eram os que tinham maior probabilidade de sobreviver. A mensagem ou significado que captamos aí é que a sobrevivência dependia da capacidade de orientar a própria vida em direção a um "para que coisa" ou um "para quem". Em outros termos, a existência dependia da capacidade de transcender o próprio eu, que é o conceito que introduzi na logoterapia desde 1949. Por isso compreendo o fato antropológico primordial que o ser humano deva sempre estar endereçado, deva sempre apontar para qualquer coisa ou qualquer um diverso dele próprio, ou seja, para um sentido a realizar ou para outro ser humano a encontrar, para uma causa à qual se consagrar ou para uma pessoa a quem amar. Somente na medida em que consegue viver essa autotranscendência da existência humana, alguém é autenticamente homem e autenticamente si próprio. Assim o homem se realiza, não se preocupando com o realizar-se, mas esquecendo a si mesmo e dando-se, descuidando de si e concentrando seus pensamentos para além de si. Por uma analogia que me agrada indicar, tomemos, por exemplo, o olho. Quando ele pode ver-se a si mesmo senão quando se olha num espelho? Um olho com uma catarata pode entrever como uma nuvenzinha que é exatamente sua catarata; um olho com um glaucoma pode entrever um alo colorido ao redor das luzes. Mas um olho são não vê nada de si — é autotranscendente.

O que se chama autorrealização é, e deve permanecer, o efeito preterintencional da autotranscendência; é prejudicial e também autofrustrante fazê-lo objeto de intenção direta. E o que é verdadeiro para a auto-realização, vale também para a identidade e para a felicidade. É exatamente a busca ansiosa da felicidade que impede a felicidade. Quanto mais a fazemos objeto de nossos esforços, mais seguramente erramos o alvo. Isso é mais evidente quando se trata da felicidade sexual, da busca do prazer sexual. As neuroses sexuais são o resultado. Tanto mais o paciente deseja demonstrar sua potência e mais seguramente estará condenado ao fracasso. Tanto mais uma paciente deseja demonstrar a si mesma que é capaz de orgasmo e com maior certeza estará mergulhada em sua frigidez. Nesse ponto consintam que eu remeta o leitor ao capítulo que trata explicitamente das aplicações clínicas da logoterapia e técnicas correlatas (intenção paradoxal e derreflexão) e onde o tema é desenvolvido com material pertinente tirado de casos reais para ilustrar a questão.

Em uma experiência bem conhecida, referida por Carolyn Wood Sherif, em um grupo de jovens foram induzidas cargas agressivas de grupo. Apesar delas, quando os jovens eram reunidos para o esforço comum de arrastar uma carreta para fora de um atoleiro, "esqueciam-se" simplesmente de seus conflitos e divisões internas. Sua vontade de sentido havia tomado o primeiro plano! E eu penso que a busca da paz, em vez de limitar-se a um contínuo remanejamento de potenciais agressivos e semelhantes, deveria primeiramente se concentrar sobre a vontade de sentido e considerar o fato que, aquilo que é verdadeiro para os homens individualmente, vale do mesmo modo para toda a humanidade. Não poderia, talvez, a sobrevivência do gênero humano depender também do fato que os homens cheguem ou não a um denominador comum de sentido? Não poderia ela depender do fato que as pessoas e os povos descubram ou não um sentido *comum* de suas existências e unam-se por isso numa *vontade* comum de um sentido comum?

Eu não tenho a resposta. Estarei contente só em saber que teria feito a pergunta justa. Contudo, parece que, em última análise, pode haver esperança de sobrevivência para os seres deste mundo na medida em que as nações conseguirem unir-se para assumir uma tarefa comum e para empenhar-se nela.

Até o momento pode-se dizer apenas que estamos a caminho. Mas a busca pelo homem de um sentido para a vida é, obviamente, um fenômeno de extensão mundial. Dele é testemunha nossa geração. Por que então essa busca de sentido não deveria conduzir-nos gradualmente a objetivos e propósitos comuns?

Um sentido para a vida

Existe, portanto, no homem, uma vontade de sentido; mas existe também um sentido a ser atribuído à vida? Em outras palavras, depois de termos tratado dos aspectos teórico-motivacionais da logoterapia, voltamo-nos agora para a "logoterapia", isto é, para a teoria logoterapêutica do significado.

E, apenas para começar, perguntemo-nos se um logoterapeuta pode conferir sentidos. Diria em primeiro lugar que ele deveria compreender que o sentido não pode ser separado de seu contexto porque é isso precisamente o que é feito pelo reducionismo. Nos capítulos seguintes, do mesmo modo que em outros livros meus, são apresentados numerosos exemplos de tal fato.

Recordo-me agora de um episódio que me aconteceu quando eu tinha treze anos. Um dia meu professor de ciências passeava entre os bancos da classe e ensinava aos alunos que, no fundo, a vida não era senão um processo de combustão, um processo de oxidação. Eu levantei-me e sem pedir permissão, como era ainda costume, lancei-lhe a pergunta: "Que sentido tem então a vida?". Naturalmente, ele não podia responder-me porque era um reducionista.

O problema é esse: como poderemos ajudar as pessoas que estão desesperadas pela aparente falta de sentido da vida? Eu disse no início que os valores vão desaparecendo porque são transmitidos pelas tradições e nós presenciamos hoje o declínio das tradições. Mesmo assim acredito que seja ainda possível descobrir significados. A realidade sempre se apresenta na forma de uma particular situação concreta e, uma vez que cada situação de vida é irrepetível, segue-se que o sentido de uma dada situação é único. Não haveria, então, possibilidade alguma de os sentidos serem transmitidos pela tradição. Somente os valores — que poderiam ser definidos como significados universais — podem sofrer a influência do declínio das tradições. Pode-se dizer que os instintos são transmitidos através dos genes e os valores através das tradições, mas quanto aos significados, do momento em que são únicos, eles são objeto de descoberta pessoal. Eles devem ser procurados e encontrados por conta própria de cada um. Tal descoberta de significados únicos, assim como agora os entendemos, será possível mesmo que todos os valores universais desaparecessem completamente. Em duas palavras: os valores estão mortos — vivam os sentidos!

Mas como realizou-se de fato essa descoberta? É mérito de James Crumbaugh ter posto em evidência que a operação pela qual se venha a descobrir que um sentido acontece num processo de percepção gestáltica. De minha parte cheguei a perceber uma diferença: na percepção gestáltica, no sentido tradicional do termo, nós percebemos uma figura contra um fundo, enquanto na descoberta de um sentido percebemos uma possibilidade incorporada no contexto de uma situação real. Trata-se em particular de uma possibilidade de fazer qualquer coisa com relação à situação na qual nos encontramos para modificar, se for necessário, uma realidade. Desde que a situação seja sempre única, com um sentido que é também necessariamente único, segue-se que a "possibilidade de fazer qualquer coisa com relação à situação" é também única, porque é transitória. Ela possui uma qualidade *kairós*,[21] isto é, se não aproveitarmos a oportunidade de dinamizar o sentido intrínseco e como que mergulhado na situação, o sentido passará e irá embora para sempre.

Contudo, apenas as possibilidades — as oportunidades de fazer qualquer coisa com relação à situação real — são passageiras. Desde que tenhamos realizado a possibilidade oferecida pela situação, desde que tenhamos dinamizado o sentido que a situação tem em si, nós teremos transformado aquela possibilidade em uma realidade e teremos agido assim de uma vez *para sempre*. A coisa não estará mais sujeita à transitoriedade. Nós, por assim dizer, a libertamos dentro do passado. Nada nem ninguém pode privar-nos ou furtar-nos aquilo que salvamos e asseguramos no passado. No passado coisa alguma é irremediavelmente e irreparavelmente perdida, mas cada coisa é guardada para sempre. Em geral, é verdade, as pessoas só enxergam o campo de restolhos da transitoriedade; não veem as tulhas cheias de grãos nas quais depositaram os frutos de suas vidas: as ações praticadas, as obras realizadas, os amores amados, os sofrimentos corajosamente sofridos. Nesse sentido podemos compreender o que o Livro de Jó diz sobre o homem: que ele chega ao túmulo "como um feixe de trigo maduro colhido no tempo certo".

Os sentidos, do mesmo modo como são únicos, são também mutáveis. Mas não faltam nunca. A vida não deixa jamais de ter sentido. Isso, concordo, é compreensível apenas se admitirmos que existe um sentido potencial a ser descoberto para além do agir e do amar. Certamente estamos habituados a descobrir um sentido no criar uma obra ou no completar uma ação, no fazer experiência de algo ou no encontrar alguém. Mas não devemos jamais esquecer que podemos descobrir um sentido na vida mesmo quando nos vemos numa situação sem esperança, na qualidade de vítimas sem

---

21 *Kairós*, no grego bíblico, é o tempo da graça e da bondade do Senhor (NT).

nenhuma ajuda, mesmo quando enfrentamos um destino que não pode ser mudado. O que realmente importa e conta mais é dar testemunho do potencial, unicamente humano, que, em sua forma mais alta, deve transformar uma tragédia em um triunfo pessoal, deve mudar a situação difícil em que o indivíduo está em um sucesso humano. Quando não temos mais condição de mudar uma situação — pensemos numa doença incurável, um câncer que não pode ser operado — então somos estimulados a mudar a nós mesmos.

Isso fica perfeitamente claro e compreensível através das palavras de Yehuda Bacon, um escultor israelense que, quando era um garotinho, foi prisioneiro em Auschwitz e depois da guerra escreveu um livro do qual cito esta passagem: "Eu pensava ingenuamente: 'Direi a eles o que vi, com a esperança de que as pessoas mudem para melhor'. Mas as pessoas não mudaram e nem mesmo quiseram saber. Foi só muito mais tarde que eu compreendi verdadeiramente o *sentido do sofrimento*. Ele só tem sentido quando quem sofre muda para melhor". Eis aí, ele acabou reconhecendo o sentido de seu sofrer: este o mudou!

Com frequência, mudar a si mesmo significa renascer maior que antes, crescer além de si próprio. Não existe em parte alguma um exemplo mais convincente desse fato que o conto *A Morte de Ivan Ilitch* de Leo Tolstói.[22] Chamo a atenção do leitor também para o título de um livro recente de Elisabeth Kübler-Ross, *Death, the Final Stage of Growth* (*Morte, o estágio final do desenvolvimento*), um título que nesse contexto é altamente significativo.

O que quero que o leitor compreenda é exatamente o segredo da riqueza absoluta do sentido da vida, riqueza que é devida à terceira possibilidade de descobrir um sentido, isto é, à possibilidade de conferir um sentido mesmo ao sofrimento e à morte. Vista nesse enfoque é aceitável uma declaração publicada no

---

22 No capítulo "Sintoma ou Terapia?" falo de uma palestra dirigida aos prisioneiros de San Quentin, e naquela ocasião citei: *A morte de Ivan Ilitch*.

The American Journal of Psychiatry que diz que "uma fé absoluta em um sentido absoluto é a mensagem do Dr. Frankl". É verdade, minha convicção que a vida seja incondicionalmente rica de sentido foi inicialmente uma intuição, não há razão para admirar-se, que vem do tempo em que eu era um estudante de escola média superior. Mas a partir de então têm sido acrescentadas conclusões idênticas com argumentos rigorosamente empíricos. Deixem-me recordar apenas os nomes de Brown, Casciani, Crumbaugh, Dansart, Durlak, Kratochvil, Lukas, Lunceford, Mason, Meier, Murphy, Planova, Popielski, Richmond, Roberts, Ruch, Sallee, Smith, Yarnell e Young. Esses autores demonstraram com testes, estatisticamente elaborados, que na realidade o sentido é acessível em qualquer caso a qualquer indivíduo, sem referência ao sexo ou à idade, ao QI ou à educação recebida, ao ambiente ou ao tipo de caráter ou — por último, mas, não menos importante — ao fato de ser ou não religioso e, se o sujeito tem religião, a qual confissão esteja filiado.

Nada pode mudar o fato de que as condições podem variar na medida em que tornam mais fácil ou mais difícil para um indivíduo encontrar em sua vida um sentido ou dinamizar o sentido de uma determinada situação. Estamos pensando em sociedades diferentes e nos diferentes graus em que elas promovem ou inibem a dinamização do sentido. Em linha de princípio, o sentido é acessível em qualquer condição, mesmo nas piores que se possa imaginar.

É claro que um logoterapeuta não pode dizer a um paciente o que é um sentido, mas pode ao menos demonstrar que na vida existe um sentido, que ele é acessível a qualquer pessoa e, o que mais conta, que a vida conserva seu sentido em qualquer situação. Ela permanece literalmente cheia de sentido até seu último instante, até o suspiro final.

A tríplice distinção dos potenciais sentidos existenciais que apresentei não exclui uma hierarquia interna. Tanto os sentidos como sua hierarquia foram empiricamente convalidados de maneira mais que suficiente por Elisabeth S. Lukas. Quando os dados obtidos por meio de testes elaborados estatisticamente foram submetidos à análise fatorial, apareceu a prova, a favor de minha tese, que o sentido descoberto no sofrimento tem uma dimensão diversa daquela dos sentidos descobertos no trabalho e no amor — ou seja, para permanecer fiel à terminologia da análise fatorial, esse sentido é colocado sobre um eixo ortogonal.

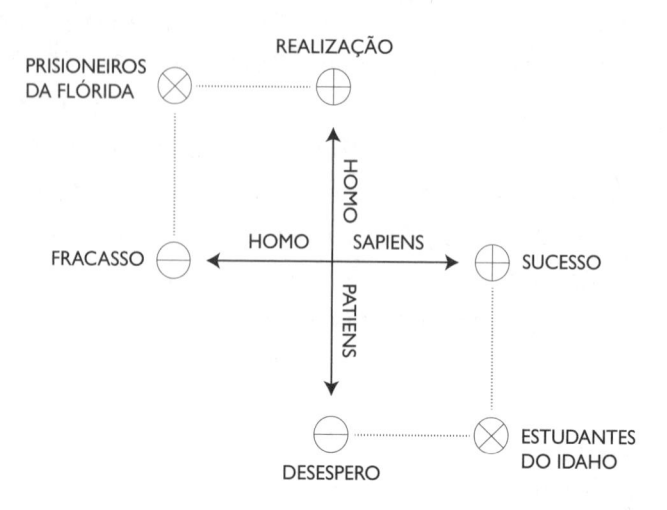

```
                    REALIZAÇÃO
  PRISONEIROS
  DA FLÓRIDA  ⊗··········⊕
                    │
                    │ HOMO
                    │
                    ▲
          HOMO  │  SAPIENS
FRACASSO ⊖ ◄────┼────► ⊕ SUCESSO
                    ▼
                    │ PATIENS
                    │
                    │
              ⊖··········⊗ ESTUDANTES
                              DO IDAHO
            DESESPERO
```

O homem é geralmente considerado como *homo sapiens,* o homem inteligente que possui os conhecimentos necessários, que sabe como obter sucesso. Ele sabe como ficar rico e chegar a ser um homem de negócios, ou um feliz *playboy,* isto é, como ter sucesso no ganhar dinheiro ou no prazer. O *homo sapiens* move--se entre o extremo positivo do sucesso e seu contrário negativo do fracasso. É bem diferente aquele que chamo *homo patiens,*[23] o homem que sofre, que sabe como sofrer, como transformar seus sofrimentos em uma conquista humana. O *homo patiens* move-se ao longo de um eixo perpendicular àquele do sucesso-fracasso do *homo sapiens.* Ele move-se sobre um eixo que se estende entre os

---

23 Confira meu livro *Homo patiens:Versuch einer Pathodizee,* Viena, Franz Deuticke, 1950.

dois polos da realização e do desespero. Entendemos como realização a realização de si através de um sentido e como desespero o desespero devido à falta aparente de sentido para a própria vida.

Somente se reconhecermos que estão em causa duas dimensões diferentes,[24] será possível compreender como, de um lado, encontramos pessoas que, apesar do sucesso, são levadas pelo desespero — basta recordar os estudantes do Idaho que tentaram o suicídio, apesar de suas condições de bem-estar, enquanto, de outro lado, podemos encontrar pessoas que, apesar do fracasso, chegaram a um senso de realização e até de felicidade porque descobriram um sentido para o próprio sofrimento. Basta recordar as duas cartas das quais citei algumas passagens no começo. A título de conclusão citarei duas outras cartas, entre tantas recebidas. Uma, de Frank E. que era o número 0206-40 em uma prisão federal americana: "Exatamente aqui na prisão encontrei o sentido de minha existência. Encontro uma razão em minha vida e esse tempo que tenho diante de mim é apenas uma breve espera da oportunidade de fazer melhor, de fazer mais". E de um outro detento, de número 5520-22:

> *Ilustre Dr. Frankl,*
>
> *Nos não poucos meses aqui passados, um grupo de companheiros de desventura tem partilhado as ideias que o senhor expôs em seus livros e em suas lições gravadas em fita. Sim, é verdade, um dos maiores sentidos, do qual podemos fazer a experiência, é exatamente a dor. Somente agora começo a viver e como é delicioso esse sentimento. Estou constantemente mortificado pelas lágrimas de meus companheiros de grupo quando eles podem compreender que finalmente agora estão tomando consciência dos sentidos que jamais imaginavam possíveis. As mudanças são miraculosas. Vidas, que*

---

24 Na realidade, a dimensão do *homo patiens* não é apenas diferente, mas superior à dimensão do *homo sapiens*. É uma dimensão mais elevada, porque, ao mudarmos a nós mesmos (quando não mais podemos mudar nosso destino), ao nos elevarmos mais acima e ao crescermos para além de nossos limites, exercitamos o mais criativo dos potenciais humanos.

antes eram desesperadas e sem ajuda, agora têm um sentido. Aqui, na prisão de segurança máxima da Flórida, a cerca de 500 jardas da cadeira elétrica, nós estamos realizando os nossos sonhos. Estamos quase no Natal, mas a logoterapia tem sido para mim uma manhã de Páscoa. Do calvário de Auschwitz surgiu nossa manhã pascal. Do arame farpado e da câmara de gás de Auschwitz nasce o sol... Eis o que queria reservar-nos o amanhã.

Sinceramente, Greg B.

Agradeço a Greg por esta carta que guardo ciosamente porque é mais que uma simples carta. Nela eu vejo um *documento humano*, um documento de humanidade.

Determinismo e Humanismo: Crítica do Pandeterminismo

Os dois problemas filosóficos perenes, o problema da mente e do corpo e o problema do livre-arbítrio (ou, como poderíamos também dizer, do determinismo contra o indeterminismo) não podem ser solucionados. Mas podemos ao menos individuar a razão pela qual não podem ter solução.

O problema mente-corpo pode ser reduzido à pergunta: Como é possível compreender aquela unidade na diversidade que poderia ser a definição do homem? E quem iria negar que no homem existe diversidade? Como disse Konrad Lorenz: "O muro que separa as duas áreas incomensuráveis, a fisiológica e a psicológica, é insuperável. Nem mesmo o estender-se da pesquisa científica ao campo da psicofísica nos levou mais perto da solução do problema mente-corpo".[25] Quanto à esperança que futuras pesquisas possam produzir uma solução, Werner Heisenberg é igualmente pessimista, sustentando que "nós não esperamos que exista uma via direta de

---

25 Über Tierisches und Menschliches Verhalten, *Munich*, 1965, pp. 362 e 372.

entendimento entre movimentos corpóreos e processos psicológicos; na verdade, até nas ciências exatas a realidade vem analisada a níveis separados".

Nós vivemos em uma época que eu chamaria do pluralismo da ciência e cada disciplina científica representa a realidade de maneira tão diferente das demais que as descrições contradizem-se entre si. Apesar disso, afirmo que as contradições não contradizem a unidade do real. Isso é verdade também para a realidade humana. Com o objetivo de demonstrá-lo, permitam-me recordar que cada ciência, por assim dizer, retalha uma secção da realidade. Ora, através da geometria, vejamos as implicações que essa analogia comporta:

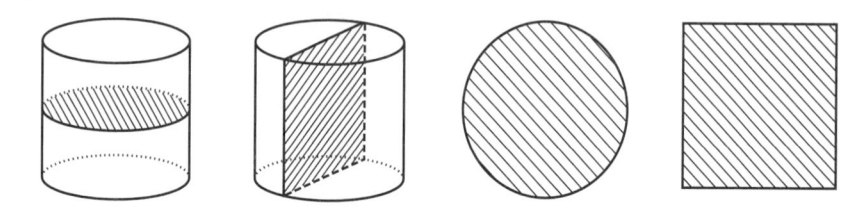

Se cortarmos duas secções ortogonais de um cilindro, a secção horizontal representará o cilindro como um círculo, enquanto a secção vertical o representará como um quadrado. No entanto, como sabemos, até agora ninguém conseguiu transformar um círculo em um quadrado. Do mesmo modo até agora ninguém conseguiu lançar uma ponte entre os aspectos físicos e os psicológicos da realidade humana. E mais, podemos ajuntar, ninguém tem probabilidade de consegui-lo, e isso porque *a coincidentia oppositorum,* como a chamou Nicolau de Cusa, não é possível no âmbito de uma secção qualquer, mas só além de todas as secções na dimensão mais alta imediatamente sucessiva. A mesma coisa vale também para o homem. A nível biológico, no plano da biologia, nós lidamos com os aspectos físicos do homem e a nível psicológico, no plano da psicologia, com seus aspectos psicológicos. Assim, no âmbito de cada uma das abordagens científicas, nós lidamos com a diversidade, mas, perdemos a unidade do homem porque esta é acessível somente na dimensão humana. Apenas na dimensão humana tem lugar aquela *unitas multiplex,* como o homem foi definido por Tomás de Aquino. Essa unidade não é uma unidade na diversidade, mas, ao contrário, é uma unidade apesar da diversidade.

O que é válido para a unicidade do homem, é verdadeiro também para o fato de que ele é um sistema aberto:

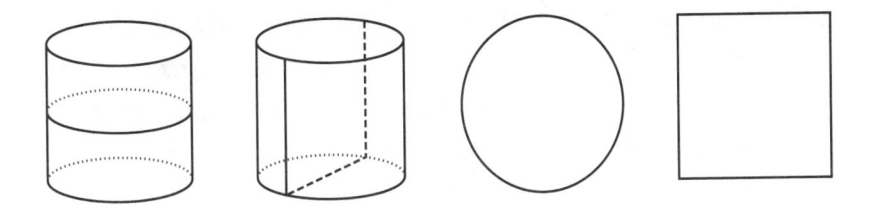

Tornando ao cilindro, imaginemos agora que não seja um sólido, mas um recipiente aberto, um copo, por exemplo. Nesse caso, que formato terão as secções? Enquanto na horizontal é ainda um círculo fechado, na vertical o copo apresenta-se agora como uma figura aberta. Mas logo que nos damos conta de que as duas figuras são apenas secções, o fechamento de uma torna-se perfeitamente compatível com a abertura da outra. Qualquer coisa de análogo vale também para o homem. Também ele é às vezes representado como se fosse simplesmente um sistema fechado no qual agem relações de causa e efeito como reflexos condicionados ou incondicionados. Por outro lado, porém, o ser humano é profundamente caracterizado como um ser aberto à realidade externa, como foi demonstrado por Max Scheler, Arnold Gehlen e Adolf Portmann. Ou ainda, como disse Martin Heidegger, o ser humano é "um ser no mundo". Aquilo que tenho chamado de autotranscendência da vida está indicando o fato fundamental que ser homem significa estar em relação com alguma coisa ou com alguém diferente de si, seja isso um significado a ser realizado ou outros seres humanos a encontrar. E a existência vacila e desmorona se não for vivida essa qualidade da autotranscendência.

É então compreensível que tal qualidade da autotranscendência de nossa vida, essa abertura do ser humano, seja vivida numa secção e falha na outra. O fechamento e a abertura tornaram-se compatíveis entre si. E penso que se dá o mesmo para a liberdade e o determinismo. Há um determinismo na dimensão psicológica e uma liberdade na dimensão noética, a qual, mais precisamente, vem a ser a dimensão humana, a dimensão dos fenômenos humanos. Quanto ao problema mente-corpo, podemos considerá-lo liquidado com a frase: "unidade apesar da diversidade", e no que se refere ao livre--arbítrio, podemos sintetizá-lo na frase: "liberdade, apesar do determinismo". Esta se coloca na mesma linha daquela outra um dia criada por Nicolai Hartmann: "autonomia apesar da dependência".

Tratando-se, porém, de um fenômeno humano, a liberdade é também inteiramente humana. A liberdade humana é uma liberdade limitada. O homem não é livre de certas condições, mas é livre para tomar posições diante delas. As condições não o condicionam inteiramente. Dentro de certos limites depende dele se sucumbe e deixa-se limitar pelas condições ou não. Ele pode até superar as condições e, assim fazendo, abrir-se um caminho e penetrar na dimensão humana. Como disse uma vez: na qualidade de professor de duas disciplinas, neurologia e psiquiatria, sou plenamente consciente dos limites aos quais o homem está sujeito pelos condicionamentos biológicos, psicológicos e sociológicos. Mas, além de ser professor de duas disciplinas de dois campos científicos diversos, sou também sobrevivente de quatro campos — ou seja, de campos de concentração — e como tal sou também testemunha do grau incrível a que pode chegar o homem no desafiar e enfrentar mesmo as piores condições imagináveis. Sigmund Freud disse uma vez: "Experimentemos abandonar um certo número de pessoas das mais diversas extrações a uma condição uniforme de fome. Com o crescer do estímulo da fome todas as diferenças individuais serão ofuscadas e em seu lugar aparecerá a expressão uniforme daquele estímulo insatisfeito". Nos campos de concentração, contudo, era verdade o contrário. As pessoas acentuavam suas diferenças individuais. Vinha à luz a natureza animal do homem, mas acontecia o mesmo para a santidade. A fome era a mesma, mas as pessoas eram diferentes. Para dizer a verdade, as calorias não contam nada.

O homem não é subjugado pelas condições diante das quais se encontra. Ao contrário, são elas que estão submetidas às suas decisões. De maneira consciente ou sem aperceber-se, ele decide se enfrentará a situação ou se cederá a ela, se vai deixar-se ou não se condicionar inteiramente por ela. Naturalmente, poder-se-ia objetar que tais decisões são, elas próprias, condicionadas. Mas é óbvio que então cairíamos em um *regressus in infinitum*. Uma afirmação de Magda B. Arnold retoma esse problema e serve como conclusão adequada para nosso discurso: "Todas as escolhas têm uma causa, mas esta última é causada por aquele que escolhe".[26]

A pesquisa interdisciplinar cobre mais de uma secção. Ela impede a unilateralidade nos confrontos do problema do livre-arbítrio, impede-nos de negar, por um lado, os aspectos deterministas e mecanicistas da realidade humana e, por outro, que a liberdade humana os transcenda. Essa liberdade não é negada pelo determinismo, mas antes por aquilo que eu tenho o costume de chamar pandeterminismo. Em outras palavras, a alternativa, na realidade, está entre pandeterminismo e determinismo, mais que entre determinismo e indeterminismo. Com relação a Freud, ele só abraçou a causa do pandeterminismo em teoria. Na prática ele foi qualquer coisa que se queira, exceto cego diante da liberdade humana, por exemplo,

---

26 *The Human Person*, New York, 1954, p. 40.

de mudar, de melhorar, uma vez que definiu certa ocasião o objetivo da psicanálise como sendo o de dar "ao ego do paciente a liberdade de escolher uma estrada ou outra".[27]

A liberdade humana implica a capacidade do homem de distanciamento de si próprio. Explicarei essa capacidade com o exemplo seguinte:

> Durante a primeira guerra mundial um médico militar judeu estava sentado em uma trincheira ao lado de seu amigo não judeu, um coronel aristocrata, quando começou um bombardeio pesado. Com tom zombeteiro disse o coronel: "Você está com medo, não é mesmo? Aí está uma prova de que a raça ariana é superior à semita". "É verdade, tenho medo", respondeu o médico, "mas quem é superior? Se você, caro coronel, estivesse com tanto medo quanto eu, já teria fugido há muito tempo". O que importa não são os temores e ansiedades enquanto tais, mas a atitude que adotamos diante deles. É essa atitude que é escolhida livremente.

A liberdade de escolher uma atitude a partir de nossas condições psicológicas estende-se também aos aspectos patológicos de tais condições. Com frequência nós psiquiatras encontramos pacientes cuja reação às alucinações que experimentam é o que quer que se queira, menos patológica. Tenho atendido a paranoicos que, a partir de suas alucinantes manias de perseguição, mataram seus supostos inimigos. Mas tenho atendido também a paranoicos que perdoaram a seus supostos adversários. Estes últimos não agiram por efeito de doença mental, mas, antes, reagiram à suas doenças por força de sua humanidade. Falando de suicídio e não de homicídio, há casos de indivíduos que cometem suicídio levados pela depressão e há casos de outros que conseguem vencer o impulso suicida por amor de uma causa ou de uma pessoa. Estes últimos estão demasiadamente comprometidos, por assim dizer, para que possam suicidar-se.

---

27 *The Ego and the Id*, London, 1927, p. 72

Estou pessoalmente convencido que uma psicose como a paranoia ou depressão endógena sejam de origem somática. Mais especificamente, a sua etiologia é bioquímica, ainda que, mais frequentemente do que desejaríamos, não possa ser determinada sua exata natureza. Mas, não devemos tirar conclusões fatalísticas. Essas não seriam válidas nem mesmo nos casos em que a bioquímica fundamenta-se na hereditariedade. Nesse sentido, não canso-me de citar Johannes Lange, o qual uma vez relatou o caso de dois gêmeos idênticos. Um transformou-se num hábil criminoso, o outro num hábil criminólogo. Sendo os dois hábeis, poderia ser um caso de hereditariedade. Mas o fato de um tornar-se criminoso e o outro criminólogo é apenas questão de atitude pessoal. A hereditariedade é simplesmente o material com o qual o homem constrói a si mesmo. Não se trata, senão, de pedras que são rejeitadas e jogadas fora pelo construtor, ou não. Mas o construtor como tal não é feito de pedras.

A infância, menos ainda que a hereditariedade, não pode determinar de maneira unívoca o curso da vida. Uma de minhas pacientes, pouco paciente, escreveu-me certa vez uma carta:

> *Sofri mais com a ideia de que pudesse ter complexos do que com o fato de tê-los realmente. Na verdade, não trocaria minhas experiências vividas por coisa alguma do mundo e creio que delas me veio um grande bem.*[28]

---

[28] Antes de tudo, as experiências da primeira infância não são tão decisivas para a vida religiosa como alguns psicólogos acreditaram. Também não é verdade que o conceito de Deus seja determinado univocamente pela imagem do pai. Fiz meus auxiliares do Hospital Policlínico de Viena pesquisar os pacientes que durante um dia frequentaram a clínica ambulatorial. Ficou demonstrado que 23 pacientes tinham uma imagem positiva do pai e 13 outros, negativa. Mas, somente 16 dos sujeitos com imagem positiva do pai e apenas 2 com imagem negativa admitiram ser determinados por essas imagens em seu desenvolvimento religioso. Metade do total pesquisado desenvolveu seu conceito religioso independentemente da imagem paterna. Uma vida religiosa empobrecida não pode ser ligada sempre à imagem negativa do pai. Nem também a pior imagem do pai iria necessariamente impedir o estabelecimento de boa relação com Deus (Viktor E. Frankl, *The Will to Meaning*, New York and Cleveland. 1969, p. 136f). A promessa que "a verdade vos libertará" não deve ser interpretada como se o fato de ser sinceramente religioso seja uma garantia de libertação da neurose. Inversamente, a libertação da neurose não é uma garantia de vida sinceramente religiosa. Há três anos tive oportunidade de discutir isso com o abade de um mosteiro beneditino do México. Ele insistia

O fatalismo por parte do psiquiatra com muita probabilidade reforça o do paciente que sempre é característico da neurose. E o que é verdadeiro para a psiquiatria vale também para a sociatria. O pandeterminismo serve de álibi para o criminoso: são os mecanismos que existem em seu íntimo que devem ser acusados. Um argumento desse gênero mostra, porém, que é anulável por si mesmo. Realmente, se o defensor alega que o acusado não era livre quando cometeu o crime, o juiz também pode dizer que não é livre quando pronuncia a sentença. Na realidade, os criminosos, depois de proferida a sentença, não gostam de ser considerados como vítimas de mecanismos psicodinâmicos ou de processos de condicionamento.

Como Scheler destacou certa ocasião, o homem tem o *direito* de ser considerado culpado e de ser punido. Encontrar uma explicação para a culpa considerando-o como vítima das circunstâncias significa também tirar-lhe a dignidade humana. Eu diria que é uma prerrogativa do homem a de tornar-se culpado. Certa é, também, sua responsabilidade de saber superar a culpa. É exatamente isso que eu disse aos detentos de San Quentin, na Califórnia, aos quais falei uma vez a convite do diretor do presídio. Joseph B. Fabry, um publicista da Universidade da Califórnia, me acompanhava e logo em seguida relatou-me como haviam reagido às minhas palavras aqueles prisioneiros, os criminosos mais calejados da Califórnia. Um prisioneiro disse: "Os psicólogos, ao contrário de Frankl, sempre nos interrogaram a respeito de nossa infância e a respeito das coisas horríveis do nosso passado. Sempre o passado — é como uma pedra de moinho que carregamos pendurada ao pescoço". E completou: "A maioria de nós não quer saber de escutar os

---

que todos os monges deveriam submeter-se a uma psicanálise freudiana rigorosa. O que sucedeu? Apenas 20% permaneceram no mosteiro. Pergunto-me também quantos psiquiatras teriam se formado e permanecido atuantes, se devessem ser submetidos a análise por leves distúrbios neuróticos. Admitamos que o leitor, seja ele teólogo ou psiquiatra, não tenha nem o mais leve indício nervoso, lance-me então a primeira pedra.

psicólogos. Eu vim só porque havia lido que Frankl também foi um prisioneiro como nós".[29]

Carl Rogers uma vez chegou a dar uma definição empírica do que constitui a "liberdade".[30] A conclusão da pesquisa que um de seus discípulos, W. L. Kell, fez com 151 jovens criminosos foi que não teria sido possível prever seu comportamento a partir da atmosfera familiar, das experiências educativas ou sociais, das influências culturais ou do ambiente do bairro, da história sanitária, do patrimônio genético ou de qualquer outra coisa do gênero. O mais seguro fator de previsão de longo alcance era o grau de autocompreensão que apresentava um índice de correlação de 0,84 com o comportamento mais recente. Parece que nesse contexto a autocompreensão deva implicar autodistanciamento, isto é, o distanciamento de si mesmo. Todavia, a capacidade de autodistanciamento é paralisada pelo pandeterminismo. Retornemos então ao determinismo contra o pandeterminismo. Procuremos dar uma rigorosa explicação causal deste último. Perguntemo-nos quais são as causas do pandeterminismo. Eu diria que é a falta de distinção que gera o pandeterminismo. Por um lado, as causas são confundidas com as razões. Por outro, as causas são confundidas com as condições. Qual é então a diferença entre causas e razões? Se vocês descascam cebolas, choram. Suas lágrimas têm uma causa. Mas vocês não têm razão alguma para chorar! Se vocês escalarem uma parede rochosa e chegarem à altura de 3000 metros, deverão experimentar um sentimento de opressão e ansiedade. Isso poderá depender de causa ou de razão diferentes. A falta de oxigênio poderá ser a causa. Mas se vocês sabem que estão mal equipados e pouco treinados, sua ansiedade terá uma razão.

O ser humano foi definido como o "ser no mundo", isto é, na realidade. Ora, a realidade compreende razões e significados.

---

29 FABRY, Joseph B. *The Porsuit of Meaning*, Boston, 1968, p. 24.
30 "Discussion", *Existential Inquiries*, vol. 1, n. 2, 1960, pp. 9-13.

Mas, se o homem for tido como um sistema fechado, razões e significados estão excluídos. O que permanece então são as causas e efeitos. Os efeitos são representados pelos reflexos condicionados e pelas respostas aos estímulos. As causas são representadas por processos de condicionamento ou pelas pulsões e instintos. As pulsões e os instintos impulsionam, mas as razões e os significados atraem. Se imaginarmos o homem em termos de um sistema fechado, tomaremos em consideração apenas as forças que impulsionam, mas não os motivos que atraem. Vejamos a entrada principal de qualquer hotel americano. De dentro da sala de recepção é vista apenas a placa "empurrar". A placa "puxar" é visível só pelo lado de fora. O homem tem sua porta como o hotel. Ele não é uma mônada fechada, e a psicologia degenera em monadologia, se não quiser reconhecer que ele é aberto à realidade. Essa abertura da existência é correspondida pela autotranscendência. A qualidade da autotranscendência da presença humana é refletida, por sua vez, na qualidade "intencional" dos fenômenos humanos, como a denominam F. Brentano e E. Husserl. Os fenômenos humanos indicam e referem-se a "objetos intencionais".[31] As razões e os significados representam tais objetos. Eles são o logos, graças ao qual a psique dilata-se. Se a psicologia quer ser digna de seu nome, deve reconhecer as suas duas metades, ou seja, tanto o logos quanto a psique.

Quando é negada a autotranscendência da existência, a própria existência é desfigurada. Ela é materializada. O ser fica reduzido a mera coisa. O ser humano é despersonalizado. E, o que é mais importante, o sujeito é transformado em objeto. Isso é devido ao fato que é característica de um sujeito relacionar-se com objetos intencionais em termos de valores e de significados que têm a função de motivos e de razões. Se for negada a autotranscendência e assim for fechada a porta aos significados e valores, as razões e os motivos serão então substituídos por processos

---

31 SPIEGELBERG, Herbert. *The Phenomenological Movement*, vol. 2, 1960, p. 721.

de condicionamento, e os "persuasores ocultos" irão operar tal condicionamento, isto é, manipular o homem. É a materialização que abre a porta à manipulação e vice-versa. Se alguém deve manipular seres humanos, em primeiro lugar deve materializá-los e, para isso, doutriná-los conforme as leis do pandeterminismo. "Somente despojando os homens de sua autonomia", diz B. F. Skinner, "poderemos transferir as causas reais do comportamento humano da esfera do inacessível para a do manipulável".[32] Ora eu, antes de tudo, penso pura e simplesmente que os processos de condicionamento não são as causas reais do comportamento humano; em segundo lugar, acho que a causa efetiva seja qualquer coisa de acessível, contanto que a humanidade do comportamento humano não seja negada com argumentos *a priori;* e, em terceiro lugar, estou convencido que a humanidade do comportamento humano não pode se revelar se não for reconhecido que a "causa" real do comportamento humano de um dado indivíduo não é uma causa, mas, antes, uma razão. As causas são confundidas não apenas com as razões, mas também com as condições. De certo modo, porém, as causas são condições. Elas são condições suficientes, em oposição às condições no sentido estrito de condições necessárias.

Diga-se de passagem, não existem apenas condições necessárias, mas também aquelas que eu chamaria de condições possíveis. Com esse termo pretendo denominar aquilo que "desencadeia ou faz iniciar-se o processo". Os assim chamados, distúrbios psicossomáticos, por exemplo, não são provocados por fatores psicológicos, isto é, não são psicogênicos como o são as neuroses. Ao contrário, os distúrbios psicossomáticos

---

32 *Beyond Freedom and Dignity,* New York: KNOPE, Alfred A., 1971. Ludwing von Bertalanffy observa: "A expansão econômica da sociedade afluente não subsistiria sem tal manipulação. Somente manipulando seres humanos com ratos skinnerianos, robôs, consumidores autônomos, conformistas e oportunistas bem regulados, pode essa grande sociedade continuar a progredir e a aumentar seu produto nacional bruto. O conceito de homem como robô é ao mesmo tempo uma expressão de força e motivação eficaz na sociedade industrializada de massa. Aí está a base para a engenharia comportamental no comércio, na economia, na política, na publicidade e na propaganda". ("General System Theory and Psychiatry", em Silvano Arieti, ed., *American Handbook of Psychiatry,* vol. 3, pp. 70-71).

são distúrbios somáticos que são desencadeados por fatores psicológicos. Uma condição suficiente é suficiente para criar um fenômeno. Este é determinado pela causa não apenas em sua essência, mas também em sua existência. Ao contrário, uma condição necessária é uma pré-condição, é um pré-requisito. Existem, por exemplo, casos de retardamento mental devidos a uma hipofunção da tireoide. Se for administrado extrato de tireoide a um paciente desse tipo, melhora e aumenta seu QI. Isso significa que o espírito não é nada mais que substância tireoidea, como foi afirmado em um livro cuja recensão tive de fazer? Diria antes que a substância tireoidea "não é nada mais" que uma condição necessária que aquele autor confundiu com uma condição suficiente. Para variar, pensemos em uma hipofunção das glândulas adrenais. Já publiquei dois trabalhos baseados em pesquisas de laboratório, porque há casos de despersonalização devidos à hipofunção de tais glândulas. Se administrarmos a um paciente desse gênero o acetato de desoxicorticosterona, ele sentirá novamente as emoções próprias de uma pessoa. O senso de identidade será assim recuperado. Isso quer dizer que o *Eu* não é senão o acetato de desoxicorticosterona?

Aqui estamos no ponto em que o pandeterminismo passa a ser reducionismo. Na realidade, é a falta de distinção entre causa e condição que permite ao reducionismo deduzir um fenômeno humano de um sub-humano e reduzir o primeiro ao segundo. Assim, pelo fato de ser derivado de um fenômeno sub-humano, o fenômeno humano é transformado em mero epifenômeno.

O reducionismo é o niilismo de hoje. É verdade que, para ficarmos na moda, os eixos sobre os quais gira o existencialismo de Jean Paul Sartre são "o ser e o nada". Mas a lição a ser aprendida do existencialismo é que o ser humano não participa da qualidade que faz as coisas serem coisas. O ser humano não é uma coisa entre outras. As coisas são determinadas umas pelas outras. O homem, ao contrário, determina-se por si mesmo. Ou melhor, ele escolhe deixar-se ou não se determinar pelas pulsões e pelos instintos que o estimulam, ou então pelas razões e pelos significados que o atraem.

O niilismo de ontem ensinava o nada. O reducionismo prega hoje a limitação que caracteriza cada coisa. O homem, dizem os reducionistas, não é nada mais que um computador, ou então um macaco nu. É perfeitamente legítimo empregar o computador como um modelo do funcionamento de nosso sistema nervoso central. A *analogia entis* é evidente e é válida de ponta a ponta, isto é, do sistema nervoso ao computador. Há porém diferenças de dimensão que são desprezadas pelo reducionismo. Consideremos, por exemplo, a teoria tipicamente reducionista da consciência, teoria segundo a qual esse fenômeno, unicamente humano, não é nada mais que o resultado de processos de condicionamento. O comportamento de um cão que molhou o tapete e procura safar-se debaixo do sofá com o rabo entre as pernas não revela uma consciência, mas qualquer coisa que eu chamaria antes ansiedade antecipatória — no caso, expectativa cheia de medo de um castigo. Isso poderia ser de fato o resultado de um processo de condicionamento. Entretanto, não tem nada a ver com a consciência porque a verdadeira consciência não tem nada a ver com a expectativa de um castigo. Enquanto um homem for motivado pelo medo de um castigo ou pela esperança de recompensa, ou inda, dentro de certos limites, pelo desejo de acalmar o superego, a consciência ainda não entrou em cena.

Lorenz foi bastante cauteloso ao falar de "*moral-analoges Verhalten bei Tieren*" — isto é, de um comportamento animal que é *análogo* ao comportamento moral do homem. Os reducionistas não reconhecem nenhuma diferença qualitativa entre os dois comportamentos. Eles negam que exista qualquer fenômeno unicamente humano e o fazem não com base empírica, como poderíamos esperar, mas unicamente com bases *a priori*. Eles insistem que não há no homem nada que não se possa encontrar também nos animais. Ou, apenas para variar, um famoso provérbio: *nihil est in homine, quod non prius fuerit in animalibus* (Não existe nada no homem que antes não tenha existido nos animais).

Em uma de minhas histórias preferidas um rabino foi consultado por dois fiéis. Um sustentava que o gato do outro havia roubado e comido dois quilos e meio de manteiga, enquanto o outro negava. "Tragam-me o gato", ordenou o rabino. Eles o trouxeram. "Agora tragam a balança." Trouxeram-lhe a balança. "Quantos quilos de manteiga o gato comeu?", perguntou ele. "Dois quilos e meio, rabino", foi a resposta. Então o rabino pesou o gato e viu que ele tinha exatamente dois quilos e meio. "Aqui está a manteiga" falou o rabino, "mas onde está o gato?" É o que acontece quando os reducionistas acabam por encontrar no homem todos os reflexos condicionados, os processos de condicionamento, os mecanismos inatos e tudo o mais que procuraram encontrar. "Aqui está tudo", dizem eles como o rabino, "mas o homem, onde está?"

O impacto prejudicial de uma doutrinação conduzida de acordo com as linhas do reducionismo não deveria ser desprezado. Aqui limito-me a citar dados de uma pesquisa de R. N. Gray e colaboradores sobre 64 médicos, dos quais 11 eram psiquiatras. Ficou demonstrado que durante o curso de medicina cresce o cinismo, concebido como regra profissional, enquanto diminui o humanismo. Apenas quando completados os estudos inverte-se a tendência, mas infelizmente não com todos os sujeitos.[33] Ironicamente o autor que relata esses resultados, também ele, define *o homem* como "um sistema de controle de adaptação" e os *valores* como "reguladores homeostáticos em um processo estímulo-resposta".[34] Segundo outra definição reducionista os valores nada mais são que formações de reação e mecanismos de defesa. Tais interpretações,

---

[33] "An Analysis of Physicians", Attitudes of Cynicism and Humanitarianism before and after Entering Medical Practice", *Journal of Medical Education*, vol. 40, 1955, p. 760.

[34] WILDER, Joseph. "Values and Psychotherapy", *American Journal of Psychotherapy*, vol. 23, 1969, p. 405.

não é necessário dizê-lo, se prestam a minar e corroer o apreço pelos valores.

Eis um exemplo do que realmente acontece: dois jovens americanos voltaram da África, onde tinham prestado serviços na qualidade de voluntários do *Peace Corps*. Quando chegaram, tiveram de participar de sessões de grupo dirigidas por um psicólogo. Este fazia seu trabalho mais ou menos assim:

— *Por que vocês se inscreveram no Peace CorpsT'?*
— *Porque queríamos ajudar os povos mais pobres.*
— *Então vocês devem ser superiores a eles.*
— *De certo modo, sim.*
— *Bem, deve existir em você, em seu inconsciente, uma necessidade de provar para si mesmo que você é superior.*
— *Será? Eu nunca pensei desse jeito, mas o senhor é um psicólogo, com certeza sabe mais do que eu.*

O grupo foi doutrinado a interpretar o próprio altruísmo e idealismo como coisas sem importância. E o que é pior, os voluntários continuaram depois a perguntar-se mutuamente "Qual é o *seu* motivo secreto?" Aqui temos um caso daquilo que eu chamaria hiperinterpretação.

Uma pesquisa recente, conduzida por Edith Weisskopf-Joelson, demonstra que o valor que goza de mais alta consideração entre os estudantes americanos é a "autointerpretação".[35] O clima cultural existente nos Estados Unidos aumenta o perigo que a autointerpretação transforme-se não somente em uma obsessão, como no caso dos voluntários do *Peace Corps,* mas também em uma *neurose obsessiva coletiva.* "Os ex-pacientes", diz E. Becker, "em cada situação analisam as próprias motivações e, quando se sentem ansiosos, pensam: 'Deve ser inveja do pênis; ou então, isso

---

35 "Relative Emphasis on Nine Values by a Group of College Students", *Psychological Reports*, Vol. 24, 1969, p. 299.

é atração incestuosa, angústia da castração, ou rivalidade edipiana, ou perversidade polimorfa', e assim por diante".[36]

Até aqui discutimos sobre causas que são confundidas com razões e sobre condições necessárias confundidas com as suficientes. Há porém uma terceira distinção que devemos considerar. Com o termo "condições suficientes" geralmente se entendem as causas eficientes enquanto opostas com relação às causas finais. Ora, o que afirmo é que as causas finais, ou, dentro de certos limites, os significados e os propósitos são perceptíveis, mas apenas por meio de um enfoque científico que seja adequado a eles. O pandeterminista que afirma que não existem significados e propósitos é como o homem "que deseja estudar a vida orgânica", para citarmos Johann Wolfgang von Goethe:

> Primeiro, firme obstinação lança fora a alma;
> Assim, pode ter nas mãos as partes e classificá-las.
> Mas o elo espiritual que as unia está perdido!
> Encheireisin naturae,[37] assim diz a Química,
> Que não suspeita o quanto ridiculariza e inculpa a si mesma!

Realmente, "perde-se o elo". Fica perdido o significado do mundo no modo como ele é descrito pelas ciências. O que, entretanto, não implica que o mundo seja sem significado, mas apenas que a ciência é cega com relação a isso. O sentido está fora do campo perceptivo da ciência. Ele não é descrito por nenhum enfoque científico, não é tocado por nenhuma "secção", para ficarmos com nossa comparação. Consideremos uma linha curva traçada sobre um plano vertical:

---

36 *The Denial of Death*, New York, Free Press, 1974, p. 272.
37 Manipulam, agridem a natureza (NT).

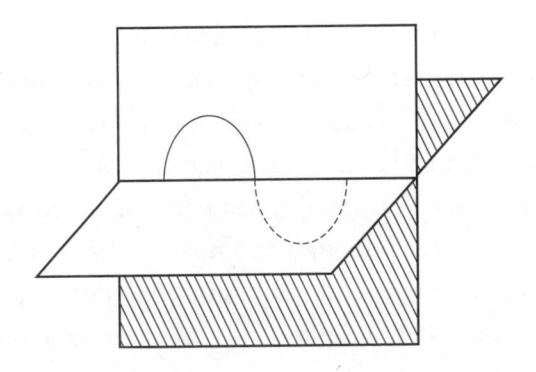

O que resta dessa linha no plano horizontal são apenas três pontos, isolados e desconexos sem nenhuma ligação aparente. As conexões significativas estão acima e abaixo do plano horizontal. Não poderia dar-se o mesmo com aqueles eventos que a ciência considera acontecidos casualmente, como, por exemplo, as mutações acidentais? E não poderíamos pensar que haja um significado oculto, um significado mais alto ou mais profundo que foge ao plano da secção horizontal porque se encontra acima ou abaixo dela, exatamente como sucede com as partes mais altas ou mais baixas da curva? Há ainda o fato que não é possível explicar tudo em termos significativos. Mas o que agora podemos explicar é, pelo menos, a razão pela qual isso *necessariamente* acontece.

Se isso é verdade para o significado, tanto mais deve ser verdade para o sentido último. *Quanto mais compreensivo for o significado, tanto menos ele será compreensível.* Um sentido infinito está necessariamente além da compreensão de um ser finito. Aqui é o ponto onde a ciência cede lugar e a sabedoria assume o posto. Blaise Pascal disse: *Le coeur a ses raisons, que la raison ne connait point* (o coração tem razões que a razão não conhece). Na verdade, existe aquilo que é chamado de sabedoria do coração.[38] Ou podemos dar-lhe o nome de autocompreensão ontológica. Uma análise fenomenológica do modo pelo qual, a partir da sabedoria

---

38   *In praecordiis sapientiam me doces.*

do coração, o homem da rua compreende a si mesmo e pode ensinar-nos que o ser humano é algo mais que um campo de batalha entre as solicitações do ego, do id e do superego, como Fulton J. Sheen ironizou uma vez, é mais que um peão ou peça de jogo entre processos de condicionamento ou impulsos e instintos. Com o homem da rua podemos aprender que ser humano significa confrontar-se continuamente com situações que são, ao mesmo tempo, oportunidade e desafio, dando-nos cada uma delas ocasião de viver a plenitude de nosso sentido pela aceitação do desafio de sentido que ela própria possui. Cada situação é um apelo, primeiro a ser escutado, depois a ser respondido.

Tocamos agora no ponto em que o círculo é fechado. Partimos do determinismo como uma limitação da liberdade e chegamos ao humanismo como uma expansão da liberdade. Liberdade é parte da história e metade da verdade. Ser livre é apenas o aspecto negativo do fenômeno completo, no qual o aspecto positivo é ser responsável. A liberdade pode degenerar em mera arbitrariedade, a menos que seja vivida em termos de responsabilidade. É por isso que eu gostaria de recomendar que a Estátua da Liberdade da costa leste fosse suplementada pela Estátua da Responsabilidade na costa oeste.

Nota I: Para um membro da profissão médica, não se trata de coisa pouco familiar; quantas entre as doenças com as quais um médico se confronta são de origem desconhecida! Basta considerar o câncer. Seja como for, uma psicose é uma questão de bioquímica do sistema corporal. Entretanto, o que o paciente faz de sua psicose é inteiramente devido à sua personalidade humana. A psicose que o aflige é bioquímica, mas o modo pelo qual ele reage, o que ele nela investe, o conteúdo com o qual ele a preenche — tudo isso é criação pessoal sua, é o trabalho humano pelo qual ele foi moldando seu sofrimento. É a via pela qual ele conferiu sentido ao seu mal. Embora a psicose não tenha sentido por si mesma, ela pode fazer-se significativa por aquilo que o paciente faz com ela — pelo que ele extrai dela ao longo de seu crescimento e consolidação interior.

Edith Weisskopf-Joelson formulou a hipótese que "o paranoico tem uma necessidade especialmente forte de uma filosofia de vida consistente e desenvolve suas alucinações como um substitutivo dessa filosofia" (*"Paranoia and the Willto-Meaning"*, Existential Psychiatry, I, 1966, pp. 316-320). Em outros termos, paranoia é "causada pela busca de sentido", segundo suas palavras. Contudo, eu vejo de maneira diferente. Mesmo se concedermos que a paranoia esteja às vezes associada à *hipertrofia do sentido,* tal hipertrofia não constitui a etiologia da psicose, mas apenas a sintomatologia. De maneira similar, outra forma de psicose, a depressão endógena, é às vezes associada a uma *hipotrofia do sentido,* mas a cegueira do paciente com relação ao sentido não é a causa de sua depressão e sim um sintoma. Evidentemente essa afirmação é válida apenas com relação a esse tipo de depressão (endógena) que, em última análise, é causada por motivos orgânicos, tanto quanto a paranoia, ainda que em sentido diverso. Em palavras mais simples, o paciente que sofre de uma depressão *endógena* é impedido pela sua psicose de perceber qualquer sentido em sua vida, ao contrário do paciente que sofre uma depressão *neurótica,* o qual pode ter tornado-se depresso exatamente porque não conseguia encontrar um sentido na existência.

Resta o fato que a origem primeira da psicose é de natureza bioquímica.

Nota 2: Alguém poderia objetar que, ao contrário da psicanálise freudiana, a "psicologia individual" de Adler paga o devido tributo à autotranscendência. De fato, a psicologia adleriana vê o homem como um ser direcionado para objetivos mais que dirigido por impulsos, mas os objetivos, em um exame mais exigente, não transcendem o eu do indivíduo ou seu psiquismo. Ao contrário, eles são concebidos como *intrapsíquicos*, tanto que, em última análise, os esforços do homem são vistos como simples estratagemas para um acordo com seus próprios sentimentos de inferioridade e de insegurança.

Nota 3: É perfeitamente legítimo para o biólogo molecular Jacques Monod afirmar que toda a vida é resultado da interação de mutações e de seleção. Em *Acaso e necessidade* ele escreve que: "O puro acaso, apenas o acaso" está na raiz da evolução. Mas ele erra quando assim continua: "... a ideia de acaso é a única pensável, pois é a única compatível com os dados da observação e da experiência. E nada permite-nos supor que as nossas concepções a esse respeito devam ou mesmo possam sofrer uma revisão". Tal discurso não tem nada a ver com a ciência, mas é apenas uma espécie de obstinação baseada em sua filosofia pessoal, em sua ideologia particular. O que ele faz em tal momento é um projetar-se deliberadamente na dimensão da biologia e, pior ainda, negar, baseado em argumentos *a priori*, que possam existir outras dimensões, dimensões mais elevadas. Um cientista pode fixar-se em sua ciência e permanecer em suas dimensões, mas deve também estar aberto, manter aberta sua ciência, ao menos à *possibilidade* de uma dimensão diferente e mais alta.

Como já disse, uma dimensão mais alta é mais alta no sentido em que é mais inclusiva. Se, por exemplo, tomarmos um cubo e o projetarmos verticalmente de maneira que se torne um quadrado, poderemos dizer que o quadrado está incluído no cubo. Qualquer fenômeno que se verificar no quadrado estará contido também no cubo e coisa alguma que tiver lugar no quadrado poderá estar em contradição com o que acontece na dimensão mais elevada do cubo. A dimensão mais alta não exclui, inclui. E entre as dimensões mais altas e mais baixas da verdade pode existir apenas uma "relação de inclusão".

Seria mais correto se um biólogo, em vez de comerciar sua crença pessoal ou descrença, se limitasse a declarar que no âmbito da competência da biologia não emerge nada de semelhante a um fim ou a um sentido mais alto e último. Não existe nenhuma evidência de teleologia, poderia ele dizer. Mas, a não ser que ele seja um reducionista, não poderá excluir a possibilidade de que a teleologia encontre-se no contexto da dimensão mais alta imediatamente acima. É preciso que nossos cientistas tenham mais que conhecimento: eles necessitam possuir também sabedoria. E sabedoria eu a defino como conhecimento com a consciência de seus limites.

Nota 4: O conceito de *meta-significado* não é necessariamente teístico. Também o conceito de Deus não tem de ser necessariamente teístico. Quando eu tinha quinze anos, ou por aí, cheguei a uma definição de Deus que agora, na velhice, volta-me cada vez com maior frequência à mente. Eu diria que se trata de uma definição operacional. É assim: Deus é o parceiro de seus solilóquios mais íntimos. Cada vez que tu falas contigo mesmo com a máxima sinceridade e em absoluta solidão, aquele a quem tu te diriges pode ser legitimamente chamado Deus. Tal definição evita a dicotomia entre concepções teísticas e ateísticas do mundo. A diferença entre estas aparece só mais tarde, quando a pessoa sem religião insiste em afirmar que seus solilóquios são apenas monólogos solitários, e a pessoa religiosa, ao contrário, interpreta os seus como diálogos verdadeiros com alguém real. Penso que o que conta acima de tudo e mais que qualquer outra coisa seja a maior sinceridade e honestidade. Se Deus verdadeiramente existe, ele com certeza não irá discutir com aqueles que não têm religião porque eles o confundem com o próprio eu e o denominam de maneira inadequada.

Crítica do puro encontro: quanto é humanística a "psicologia humanista?"

O que no presente momento parece necessário na psicologia, mais que qualquer outra coisa, é que a psicoterapia entre na dimensão humana, a dimensão dos fenômenos humanos. Perguntemo-nos então se tal passo está realmente dado por aquilo que tem sido chamado de movimento da "psicologia humanista". Embora digam que a logoterapia faça parte desse movimento (Charlotte Bühler e Melanie Allen, 1972), por razões heurísticas pode ser útil separar a logoterapia da psicologia humanista com a finalidade de obter uma vantagem crítica e elaborar um discurso crítico sobre a mesma. Daremos destaque especial àquele aspecto do movimento que gira em torno do conceito de encontro, considerando que é particularmente esse conceito que tem sido mal compreendido, para não dizer mal empregado, por muitos dos que o defendem.

Realmente, o conceito de encontro é proveniente mais da literatura existencialista que da humanística. Ele foi introduzido por Martin Buber, Ferdinand Ebner e Jacob L. Moreno, cuja contribuição ao pensamento existencialista está condensada em uma interpretação da existência em termos de coexistência. Em tal contexto, o encontro é entendido como um relacionamento entre um *Eu* e um *Tu* — um relacionamento que, por sua real natureza, pode ser estabelecido apenas a nível humano e pessoal.

É fato que em tal perspectiva alguma coisa ficou perdida, e trata-se nada mais nada menos que de toda uma dimensão. Isso é compreensível quando recordamos e aplicamos a teoria da linguagem proposta por Karl Bühler. É sua a distinção de uma tríplice função da linguagem. Primeiro, a linguagem permite ao locutor expressar a si mesmo — um meio de autoexpressão. Em segundo lugar, a linguagem é um apelo do locutor dirigido a quem ele fala. E, terceiro, a linguagem sempre representa alguma coisa, aquela "alguma coisa" sobre a qual se fala. Em outros termos, cada vez que alguém se põe a falar, ele está: a) expressando a si mesmo, enquanto; b) dirige-se "a" alguém; contudo, se ele não fala também "de" alguma coisa, não é adequado denominar esse processo "linguagem". Estaríamos então lidando apenas com um tipo de pseudolinguagem, o qual, na verdade, não é nada mais que um modo de autoexpressão (e às vezes carente até de apelo a um parceiro). Existem esquizofrênicos cujo modo de falar bem pode ser interpretado como uma "linguagem" desse tipo, que exprime apenas um estado de ânimo, mas sem nenhuma referência à realidade.[39]

O que é verdadeiro para a linguagem também vale para a coexistência e o encontro, visto que nesse caso o terceiro aspecto da comunicação inter-humana e interpessoal deve, do mesmo modo, ser considerado e tido na devida conta. E esse aspecto que levou a fenomenologia dentro das linhas de Brentano e Husserl a cunhar a expressão "objeto de referência intencional" (Spiegelberg, 1972). E todos os objetos intencionais potenciais tomados juntos, todos aqueles objetos aos quais a linguagem refere-se, todos aqueles objetos

---

39 Bem cedo, nos anos trinta, eu apresentei um caso em *Gesellschaft für Angewandte Psychologie of Vienna*.

que são "significados" pelos dois sujeitos que se comunicam entre si, formam um conjunto estruturado, um mundo do "significado", e é esse "cosmo" dos significados que pode ser convenientemente chamado o "logos". Disso podemos ver que qualquer psicologia que excluir os significados corta o ser humano fora de seus "objetos de referência intencional", e, por assim dizer, castra-se a si mesma. Uma psicologia que é digna de seu nome deve pagar o tributo devido a ambas as partes desse nome — o logos e a psique. Buber e Ebner não apenas descobriram o lugar central que o encontro ocupa na vida do espírito humano, mas também definiram tal vida como basicamente um diálogo entre um Eu e um Tu. Entretanto, afirmo que nenhum diálogo é possível, se não for introduzida a dimensão do logos. Eu diria que um diálogo sem o logos, em que falte a direção para um objeto de referência intencional, é de fato um monólogo recíproco, simplesmente uma mútua autoexpressão. Foi perdida aquela qualidade da presença humana que eu denomino "autotranscendência" (Frankl, 1962, 1966), indicadora do fato que ser homem significa essencialmente pôr-se em relação e estar voltado para qualquer coisa diferente de si. A "intencionalidade" dos atos cognitivos, que sempre foi muito enfatizada pela escola fenomenológica do pensamento, constitui apenas um aspecto do fenômeno humano mais abrangente que é a autotranscendência da existência humana. Um diálogo, que fica restrito à mera autoexpressão, não participa da qualidade da autotranscendência que é própria da realidade humana. O verdadeiro encontro é um modo de coexistência aberto ao logos, permitindo aos participantes que transcendam a si mesmos em direção ao logos e também promovam uma autotranscendência mútua.

Na realidade, não deveria ser passado por alto nem esquecido que autotranscendência significa alcançar não apenas um significado a ser vivido, mas também um outro ser humano, uma outra pessoa a ser amada. Certo, o amor vai além do encontro, pois que este último está situado em nível humano, enquanto o primeiro atinge o nível pessoal. O encontro, no sentido mais amplo do termo, leva-nos a compreender a humanidade do parceiro, enquanto o amor permite-nos, a mais, conhecer sua essencial unicidade. Essa unicidade é a característica constitutiva da personalidade. Quanto à autotranscendência, ela está igualmente implicada, seja quando o homem transcende a si mesmo ao buscar um significado, seja quando acontece um encontro de amor: no primeiro caso está envolvido um logos impessoal, no segundo, um pessoal — um logos, por assim dizer, encarnado.

Em contraste com o conceito tradicional de encontro, desenvolvido por Buber e Ebner, o conceito convencional apresentado pela maior parte da literatura no campo da psicologia humanista permanece ainda ligado a uma psicologia do velho estilo que, na realidade, é uma monadologia, pois vê o homem como uma mônada sem janelas que lhe permitam relações de autotranscendência. Assim, o conceito de encontro torna-se vulgar. Em vez de ser realmente humanístico, é mecanicista e desse modo merece o nome que Peter R. Hofstàtter, da Universidade de Hamburgo, uma vez lhe deu: "hidráulica da libido". Ele ainda permeia grande parte do movimento dos grupos de encontro.

O caso seguinte pode servir de exemplo flagrante. Uma senhora, que se agregara a um grupo de encontro, estava muito irritada e magoada com o primeiro marido, do qual se divorciara. O líder do grupo sugeriu-lhe que furasse um balão cheio de oxigênio para que assim pudesse descarregar sua agressão e raiva. Em outras palavras, o balão deveria substituir o objeto real, ou seja, o marido. Seria possível dizer também que, ao deixá-la "desafogar", o objetivo era fazer com que o balão substituísse a mulher como *sujeito* de uma explosão. Ao fim de tudo, o propósito era o de impedi-la de "explodir". E depois de ter-se desafogado ela deveria sentir-se aliviada. Mas estaremos certos ao pensar que o suposto alívio, depois do presumido desafogo, tenha sido uma experiência autêntica? Que prova temos que não tenha dado-se mais que uma doutrinação inconsciente, uma doutrinação precisamente na linha de um ultrapassado conceito de homem que é inteiramente mecanicista? O desafogo não poderia mudar nada: as razões pelas quais ela estava irritada ainda estavam ali! Basicamente, uma pessoa tem em primeiro lugar a preocupação de saber se existe ou não um motivo para encolerizar-se e, e só secundariamente está preocupada pelos sentimentos de cólera que manifesta ou por outros sentimentos que possa ter. Mas um conceito mecanicista do homem, como o que está na base do tratamento a que aludimos, induz o paciente a interpretar a si mesmo em termos de "hidráulica da libido" atuante em seu íntimo. Assim agindo, leva-se o paciente a esquecer que, ao final de tudo, um ser humano é capaz de fazer alguma coisa numa dada situação; pode tomar posição, pode também escolher uma reação face às suas emoções, agressividades etc. Esse "potencial humano" no mínimo receberia um lugar central em uma conceituação verdadeiramente humanística do homem. Uma prática terapêutica baseada em tal teoria permitiria ver que a consciência desse potencial é fomentada no paciente. É essa, a consciência da liberdade do homem, que, se for possível, modifica para melhor alguma coisa da realidade e, se necessário, modifica o próprio indivíduo para melhor. Se agora, depois dessa digressão, voltarmos ao caso anterior, que diríamos se a mulher divorciada escolher aquela atitude que se chama "reconciliação", seja que se reconcilie com o marido, se possível, seja que se reconcilie com sua condição de mulher divorciada e possa, consequentemente, continuar a viver e a transformar sua difícil situação em uma conquista a nível humano? Pois bem, deveríamos negar à nossa paciente essa possibilidade de superar seu estado crítico, de ir adiante e de plasmar sua experiência negativa em qualquer coisa de positivo, construtivo e criativo? Deveríamos, talvez, bloquear uma tal possibilidade na paciente, fazendo-a acreditar naquilo que todo neurótico está disposto a acreditar, isto é, que ela é uma peça de pouco valor no jogo e vítima das influências externas ou de situações interiores?

Ou, para ficarmos ainda nesse caso, deveremos fazê-la acreditar que está inteiramente dependente do marido, que pode querer ou não se reconciliar com ela, ou que está dependendo de sua carga agressiva, a qual será reduzida e se dissolverá, digamos assim, somente depois que ela furar o balão?

Só para variar, consideremos a dor em lugar da cólera e perguntemo-nos qual seria a reação de uma pessoa que está chorando a perda de um de seus entes queridos e à qual é oferecido um tranquilizante: "Fechar os olhos diante da realidade não elimina a realidade. Que eu adormeça e não esteja mais consciente da morte de quem amo não elimina o fato de sua morte. E essa é a única coisa que me interessa: que ele esteja vivo ou morto — não que eu sofra ou não!". Em outras palavras, aquilo que realmente interessa ao indivíduo não é estar feliz ou infeliz, mas saber se há ou não uma razão para ser feliz ou infeliz. O sistema de Wilhelm Wundt foi criticado como uma "psicologia sem psique". Isso foi logo superado, mas ainda está circulando aquela que eu chamaria uma "psicologia sem logos", uma psicologia que interpreta o comportamento humano não como induzido por razões que estejam fora do indivíduo, na realidade exterior, mas sim como consequência de causas que operam no interno de sua psique (ou soma). Mas como eu já assinalei, causas não são o mesmo que razões. Se você está infeliz e toma uma bebida, isso pode "causar" o desaparecimento de sua infelicidade, mas a razão pela qual se sente infeliz permanecerá. Vale o mesmo para o tranquilizante que do mesmo modo não pode mudar o destino ou fazer cessar o luto de alguém. Mas, ainda uma vez, que diríamos se mudássemos sua atitude e transformássemos seu sofrimento em uma conquista a nível humano? Não há, certamente, lugar algum para nada de semelhante numa psicologia que divorcia o homem da realidade — realidade, na qual unicamente seu agir pode ter razões e na qual somente seu sofrimento pode encontrar sentido. Uma psicologia que vê o homem como um sistema fechado, no qual atua um jogo de dinamismos, e não como um ser que se empenha na realização de um sentido que coroe sua existência — tal psicologia deve necessariamente privar o homem de sua capacidade de transformar uma tragédia em triunfo.

A dificuldade começa realmente com o conceito de agressão, seja o conceito biológico de acordo com as linhas de Konrad Lorenz, seja o conceito psicológico de acordo com as linhas de Sigmund Freud. Esses conceitos são impróprios e inadequados porque negligenciam totalmente a intencionalidade como fenômeno intrínseco ao homem. De fato, não existe em meu psiquismo alguma coisa como uma agressividade que procure encontrar uma via de saída constrangendo-me, como "simples vítima", a encontrar objetos que se prestem à tarefa de expeli-la. A nível humano — isto é, como ser humano — eu não dou abrigo a uma quantidade fixa de agressividade e em seguida a direciono contra um alvo conveniente. O que efetivamente faço é algo bem diferente: eu odeio! Odeio alguma coisa ou alguém. Certo, odiar alguma coisa é mais significativo que odiar alguém (o criador ou o "dono" daquilo que eu odeio), porque, se não o odeio pessoalmente, posso ajudá-lo a vencer aquilo que nele odeio. Posso amá-lo, apesar daquilo que nele odeio. Embora isso possa acontecer, odiar e amar ao mesmo tempo, sempre se trata de um fenômeno humano — em contraste com a agressividade — e ambas as coisas são humanas porque são intencionais: tenho uma razão de odiar alguma coisa e tenho também uma razão para amar alguém. Ao contrário, a agressividade é devida a causas. Essas causas podem ser de natureza psicológica ou fisiológica. Quanto a essa última possibilidade, é suficiente considerar a experiência clássica de Hess em que ele podia provocar agressividade pela estimulação elétrica de determinados centros nervosos do cérebro de gatos.

Que injustiça seria fazer a hipótese que aqueles que participaram do Movimento de Resistência ao Nazismo procuravam apenas dar vasão a seus impulsos agressivos, que por mero acaso dirigiam-se contra Adolf Hitler! Na realidade, a maior parte deles não procurava combater um homem chamado Adolf Hitler, mas sim o sistema chamado Nacional Socialismo.

Hoje a agressividade tornou-se um tema atual — não diria da moda — tratado em conferências e congressos e, mais importante ainda, a busca da paz nela concentra-se. Mas eu penso que a busca da paz está condenada a fracassar enquanto estiver baseada nesse conceito não-humano e impessoal de agressividade. Naturalmente, os impulsos agressivos existem no homem, seja que os interpretemos como uma espécie de patrimônio hereditário de nossos antepassados sub-humanos ou como um tipo de reação, de acordo com as linhas das teorias psicodinâmicas. A nível humano, entretanto, os impulsos agressivos nunca existem *per se* numa pessoa, mas sempre como alguma coisa diante da qual ela deve tomar posição, diante da qual ela já tem uma posição tomada, seja que tenha escolhido identificar-se com elas ou delas afastar-se[40], o que importa é que numa determinada situação é a atitude pessoal diante dos impulsos agressivos impessoais, mais que os impulsos como tais.

Há um paralelo com os impulsos suicidas. Não existe interesse algum, por exemplo, em medir-lhes a intensidade. Em última análise, o risco de suicídio não depende da intensidade dos impulsos internos da pessoa, mas de sua resposta, como pessoa, para os impulsos. E tal reação por sua vez dependerá basicamente do que o indivíduo descubra ou não em sua sobrevivência algo cheio de sentido, ainda que doloroso. De fato, existe um teste que não pretende medir os impulsos suicidas como tais, mas avaliar o fator incomparavelmente mais decisivo que é a atitude pessoal diante deles. Eu desenvolvi esse teste nos anos 1930 e o descrevi pela primeira vez em Inglês em *The Doctor and the Soul* (Frankl, 1955, p. 282).

A busca da paz, podemos dizê-lo, diz respeito à sobrevivência da humanidade como um todo. Mas ela é prejudicada pelo fatalismo

---

40   Essa é uma manifestação da capacidade unicamente humana de autodistanciamento. A autotranscendência manifesta-se através do fato já mencionado que odiar, ao contrário da agressão, é intencional.

que resulta da fixação nos impulsos agressivos em lugar de apelar para a capacidade humana de assumir uma atitude pessoal diante deles. Dessa forma, os impulsos agressivos são transformados em um álibi, um pretexto para o ódio. O homem não deixará de odiar enquanto lhe for ensinado que são os impulsos e mecanismos que o fazem odiar. E, no entanto, é ele que odeia! E o que é ainda mais importante, o conceito de "potenciais agressivos" faz as pessoas acreditarem que a agressão pode ser canalizada. Na realidade, pesquisadores do comportamento da equipe de Konrad Lorenz descobriram que tentativas de desviar a agressão para objetos sem importância e de descarregá-la através de atividades inofensivas apenas a provocam e geralmente a reforçam.

A diferença entre agressão e ódio é paralela com a existente entre sexo e amor: eu sou impulsionado para uma parceira pelo meu impulso sexual. Por outro lado, a nível humano, eu amo minha parceira porque, como eu sinto, tenho um punhado de razões para fazê-lo e minhas relações sexuais com ela são uma expressão do meu amor, são, por assim dizer, sua "encarnação". A nível sub--humano, certamente, eu a consideraria apenas como um mero objeto de *cathexis* (catexia) libídica — um meio mais ou menos conveniente para a descarga de esperma supérfluo. A atividade sexual com uma atitude desse tipo com frequência é descrita pelos nossos pacientes como um "masturbar-se sobre uma mulher". Falando assim, eles implicitamente colocam isso em contraste com o acesso normal à parceria, com um comportamento sexual em nível humano e pessoal. Nesse caso eles não considerariam a parceira como um "objeto", mas como um outro sujeito, o que lhes impediria enxergar o outro ser humano como um fim — seja qual for esse fim. A nível humano, o sujeito não "usa" a parceira mas a encontra numa relação de humano a humano. A nível pessoal, ele relaciona-se com a parceira de pessoa a pessoa, e isso significa que a ama. O encontro preserva a humanidade da parceira; o amor descobre sua unicidade como pessoa.

O encontro verdadeiro baseia-se na autotranscendência mais que na mera autoexpressão. Especificamente, o encontro verdadeiro transcende a si mesmo em direção ao logos. O pseudoencontro, por outro lado, baseia-se num "diálogo sem logos" (Frankl, 1967). E apenas uma plataforma para a mútua autoexpressão. A razão pela qual esse tipo de encontro é tão amplamente praticado hoje é principalmente porque as pessoas procuram apenas receber cuidado. Isso, por sua vez, é devido a um déficit. No clima impessoal da sociedade industrializada as pessoas cada vez mais experimentam um sentido de solidão — a solidão da "massa isolada". Compreensivelmente, emerge daí um desejo intenso de compensar o vazio do calor humano com a intimidade. As pessoas clamam por intimidade. E essa necessidade é tão premente que a intimidade é buscada a qualquer preço, em qualquer nível, ironicamente até em um nível *impessoal,* a um nível meramente *sensual.* O clamor por intimidade então converte-se no convite "toque, por favor!". E da intimidade sensual estamos apenas a um passo da promiscuidade sexual.

O que é muito mais necessário que a intimidade sexual é a *privacidade* existencial. O que é mais importante que qualquer outra coisa é saber extrair o máximo de vantagem possível do estar só, é ter "a coragem de ser" simplesmente. Há também uma solidão criativa que torna possível transformar algo negativo — a ausência de pessoas — em algo positivo — uma oportunidade para meditar. Usando essa oportunidade, podemos compensar a excessiva valorização da *vida ativa* pela sociedade industrial e, periodicamente, empregar algum tempo na *vida contemplativa.* Disso podemos ver que o oposto real de atividade não é passividade, mas receptividade. O que importa é um sadio equilíbrio entre as possibilidades criativas e as experimentais de realização de sentido, e daí torna-se óbvia a justificativa de um "treinamento da sensibilidade".

Quanto àqueles que tanto procuram receber cuidado, o problema é que devem pagar o preço, e não é difícil imaginar quanto interesse autêntico possa ser demonstrado por aqueles "prestadores de cuidado" que não estão presos a uma ética profissional e não foram adequadamente treinados nem são adequadamente supervisionados. Numa época em que a hipocrisia no campo sexual é tão fortemente condenada, cada um deveria compreender que a promiscuidade sexual não pode ser intitulada como sensibilidade ou como um encontro. Com relação aos que vendem sexo sob o pretexto de educação sexual, maratonas de nudismo e coisas do gênero, podemos apreciar a honestidade de uma prostituta declarada: ela não alega estar exercendo sua profissão para benefício da humanidade — cujos males, segundo certos autores gostariam que acreditássemos, provêm de um orgasmo inadequado e devem ser consequentemente tratados. É verdade que nós, às vezes, não conseguimos viver de acordo com os ideais de nossa ética profissional; falhar, no fim das contas, faz parte da condição humana, mas se erramos não devemos vangloriar-nos de nossos erros. Em certos círculos, ao contrário, isso precisamente é o que acontece cada vez com maior frequência. Freud sabia muito bem o que fazia quando fixou a norma segundo a qual o psicanalista não deve exibir sua contratransferência. O fato que ocorram ocasionalmente exceções à regra não justifica que se transforme a exceção em regra.

No entanto o presente culto da intimidade é compreensível. Como sublinhou Irvin Yalom (1970), a mobilidade da população dos Estados Unidos conta muito para a alienação das pessoas que facilmente migram de uma cidade para outra. Eu diria, entretanto, que tal alienação diz respeito não apenas aos outros, mas também a si mesmo. Existe alienação social e também alienação emocional — alienação com referência às próprias emoções. Por muito tempo, por causa do puritanismo que predominou nas regiões anglo-saxônicas, as pessoas não apenas controlavam mas até suprimiam suas emoções. Semelhantemente acontecia com o instinto sexual. Desde então, havia um movimento em direção oposta, especialmente com a popularização, para não dizer vulgarização, dos ensinamentos de Freud. Hoje vemos as consequências da permissividade extrema: as pessoas demonstram não tolerar a frustração dos instintos nem a tensão emocional: elas exibem "incontinência", digamos assim, pela qual não conseguem restringir suas emoções, não conseguem deixar de externá-las e de envolver com elas os demais.

Esse é precisamente o fim para o qual o "grupo" presta-se como um instrumento. Contudo, aqui temos que lidar não apenas com uma terapia mas simultaneamente com um sintoma. Ao fim de tudo, "incontinência" é um defeito a nível psicológico tanto quanto a nível somático. Quanto ao somático, basta considerar aqueles casos de arteriosclerose nos quais o paciente começa a rir ou a chorar por razões que não são proporcionais, e não conseguem mais parar. Há um paralelo com outro sintoma que igualmente indica enfraquecimento do funcionamento do cérebro, ou seja, a ausência do sentido de distância pessoal, como é observado em desordens epilépticas agudas: o paciente imediatamente confraterniza com qualquer um. Ele não pode deixar de informá-lo de sua vida privada ou de lhe fazer perguntas indiscretas a respeito do outro.

Resumindo: o movimento dos grupos de encontro e o de treinamento da sensibilidade concentram reações contra a alienação social e emocional, respectivamente. Entretanto, a reação a um problema não deve ser confundida com a solução do problema. Mesmo quando uma "reação" consegue ser curativa, a cura é sintomática, um paliativo. Pior, tal cura pode reforçar o mal. Quanto ao problema em questão, as emoções, elas não podem ser provocadas intencionalmente, só para começar. Elas iludem a "hiperintenção", como eu a tenho denominado. Nada é mais evidente que o que acontece com a felicidade: a felicidade acontece, não se pode tentar obtê-la. A felicidade deve acontecer, e nós devemos deixar que aconteça. Reciprocamente, quanto mais a buscarmos, tanto mais falhará nossa busca. Um de meus estudantes mais adiantados, que empreendeu uma pesquisa independente sobre grupos de encontro, relatou o que aconteceu com ele quando se uniu a um grupo: "Fui convidado por muitas pessoas para ser seu amigo. Não me sentia sincero ao abraçá-las e dizer-lhes que as amava e queria ser seu amigo, mas tive de fazê-lo várias vezes. Forcei a mim mesmo para ser emocional — mas não adiantou: quanto mais fortemente eu tentava, mais era difícil".

Nós estamos diante da realidade que há certas atividades que não podem ser pedidas, ordenadas ou comandadas. A razão está no fato que elas não podem ser criadas pela vontade: acreditar não depende do querer; esperar não depende do querer; amar não depende do querer; e acima de tudo, querer não depende do querer. Tentativas de fazer isso refletem uma impostação inteiramente manipulativa de fenômenos humanos tais como a fé, a esperança, o amor e a vontade. Essa postura manipuladora, por sua vez, é devida a uma inadequada objetificação e reificação dos fenômenos em questão. Para que compreendamos isso melhor, consideremos que o que estou dizendo é a mais importante característica de qualquer sujeito, ou seja, o fato que um sujeito — por força de sua autotranscendência, ou intencionalidade de seus atos cognitivos — está sempre em relação com objetos unicamente seus, isto é, com "objetos de referência intencional" para os quais se dirigem seus atos cognitivos. Na medida em que um sujeito é tratado como simples coisa (reificação) e, consequentemente transformado em objeto (objetificação), na mesma medida seus próprios objetos devem necessariamente desaparecer, e assim sua qualidade de sujeito está do mesmo modo perdida. Isto vale não só para o ser humano, mas para qualquer fenômeno humano: quanto mais refletimos sobre ele, tanto mais perdemos de vista as suas "referências intencionais".

A relaxação também elude toda tentativa de "manipulação". Isso foi bem explicado por J.H. Schultz, que sistematizou os exercícios de relax. Como ele era hábil quando levava seus pacientes, durante os exercícios, a imaginar que seus braços estavam pesados! Isso induzia automaticamente a relaxação. Se ele sugerisse diretamente a relaxação, os pacientes iriam sentir crescer a tensão, porque eles iriam *se esforçar para* sentir-se relaxados. Não é diferente o tratamento para o sentimento de inferioridade: o paciente jamais obterá sucesso em superá-lo por meio de uma tentativa direta. Se ele quiser libertar-se dos sentimentos de inferioridade, deverá, por assim dizer, dar uma volta por outro caminho, assumindo posições *apesar* dos sentimentos de inferioridade, ou realizando seu trabalho a despeito deles. Enquanto ele concentrar sua atenção sobre aqueles sentimentos que nutre em seu íntimo e "combater" contra os mesmos, ele continuará a experimentá-los. Tão logo ele concentre sua atenção sobre qualquer coisa fora de si, uma tarefa, por exemplo, os sentimentos estão condenados a desaparecer.

Dar atenção demasiada a qualquer coisa é aquilo que eu tenho chamado "hiper-reflexão". Esta é semelhante à hiperintenção na medida em que ambas levam a neuroses. E na realidade, ambas podem ser reforçadas e intensificadas pelo "grupo". Nesse ambiente o paciente é convidado insistentemente a observar a si mesmo e a cuidar de si; e o que é cada vez mais importante, é encorajado pelos demais membros a discutir com eles tudo o que puder fornecer de suas experiências interiores. "Hiperdiscussão seria um termo apropriado para o que acontece em tais situações. E a hiperdiscussão começa a ser cada vez mais um substituto para o sentido da vida, que nos dias presentes falta quase sempre e está ausente naqueles clientes nossos que foram capturados pelo vazio existencial" (Frankl, 1955), um sentimento de vazio e de falta de sentido. Nesse vazio, as neuroses crescem hipertrofiadamente. Ao contrário, quando o vazio existencial é preenchido, elas vão se atrofiando.

Não podemos não concordar com o que Charlotte Bühler (1970) diz: "A despeito de muita confusão e de efeitos colaterais negativos, certas vantagens essenciais dos grupos de encontro são claras". E entre as mais significativas vantagens ela aponta "o espírito de cooperação e de mútua ajuda". De fato, um grupo de encontro adequadamente concebido pode com certeza oferecer um contexto de assistência mútua para a discussão do sentido da vida. O grupo de encontro pensado corretamente não apenas favorece a autoexpressão de cada participante mas também promove sua autotranscendência. Ora, como Robert M. Holmes (1970) diz, "o grupo de logoterapia pode pagar grandes dividendos". Holmes alude às "possibilidades de implementar a filosofia logoterapêutica em situações concretas de grupo". E ele assim conclui seu texto: "quem poderia predizer os resultados de um grupo chamado a discutir suas próprias falhas, seus 'vazios existenciais'? Que descobertas pessoais não serão feitas quando observada a norma que cada um deve colocar a própria história sob a perspectiva da busca de sentido nos acontecimentos inevitáveis de sua vida?".

A desumanização do sexo[41]

Não se pode falar de sexo sem falar de amor. Todavia, quando falamos de amor, devemos lembrar-nos que este é um fenômeno especificamente humano. E devemos ver que isso seja preservado em sua humanidade, em vez de tratá-lo de forma reducionista.

O que exatamente é o reducionismo? Eu o definiria como um procedimento pseudocientífico que toma os fenômenos humanos e/ou os reduz, ou os deduz de fenômenos sub-humanos. O amor, por exemplo, passa a ser interpretado como a sublimação de impulsos e instintos sexuais que o homem tem como os outros animais. Tal interpretação apenas bloqueia a possibilidade de um entendimento adequado do fenômeno humano.

O amor é na verdade um aspecto do fenômeno humano mais amplo que eu comecei a denominar autotranscendência (Frankl, 1963). O homem não é, como as teorias predominantes da motivação gostariam que acreditássemos, um ser basicamente levado a

---

[41] Versão revista e ampliada do texto "Love and Society", traduzido para o japonês e publicado no volume: *Pathology of Modern Men*, editado por Sadayo Ishikawa, Tóquio, Seishin Shobo, 1974.

gratificar suas necessidades e a satisfazer seus impulsos e instintos e assim a manter ou restaurar a homeostase, isto é, o equilíbrio interno. Ao contrário, o homem — por força da qualidade autotranscendente da realidade humana — basicamente procura expandir-se para fora de si, seja em direção a um sentido a realizar, seja em direção a um outro ser humano a quem busca para um encontro de amor.

O encontro de amor impede definitivamente que se veja ou se use o outro ser humano como um simples meio para um fim — um instrumento para reduzir a tensão criada pelos impulsos e instintos libidinais ou agressivos. Isso equivaleria a uma masturbação, e de fato é como muitos pacientes neuróticos sexuais falam do modo como tratam seus parceiros: com frequência dizem que "masturbaram-se com seus/suas parceiros(as)". Uma atitude dessas com um(a) parceiro(a) é uma característica distorção neurótica da sexualidade humana.

Para o ser humano sexo é mais do que mero sexo e é mais que sexo na medida em que serve como expressão física de algo metassexual, ou seja, a expressão física do amor. Somente na medida em que o sexo assume essa função, ele é realmente uma experiência gratificante. Maslow (1964) tinha razão ao assinalar que "quem não ama não alcança o mesmo tipo de vibração sexual como quem está amando" (p. 105). Conforme 20.000 leitores de uma revista americana de psicologia que responderam um questionário a respeito, o fator mais influente na potência e orgasmo é o romantismo — o que é uma coisa que só acontece quando há amor.

Contudo, não é de todo exato afirmar que só para os humanos o sexo é mais que mero sexo. Conforme Irenäus Eibl-Eibesfeldt (1970) evidenciou, em alguns vertebrados o comportamento sexual serve também para a coesão do grupo, e isso é particularmente o caso de primatas que vivem em grupos. Assim, para certos macacos às vezes o contato sexual serve exclusivamente a um fim social. Para os humanos, declara Eibl-Eibesfeldt, não há dúvida que as relações sexuais prestam-se não apenas para a propagação da espécie, mas também para a relação monogâmica entre os parceiros.

Sendo o amor um fenômeno humano em sua real natureza, o sexo começa a ser humano somente como o resultado 74 de um processo de desenvolvimento, o produto de uma maturação progressiva (Frankl, 1955). Partamos da diferença estabelecida por Sigmund Freud entre a meta dos impulsos e instintos e seu objeto: a meta da sexualidade é a redução das tensões sexuais, enquanto o objeto do sexo é o parceiro sexual. Do meu ponto de vista, isso acontece apenas na sexualidade neurótica: só um neurótico está em primeiro lugar preocupado em expelir seu esperma, servindo-se da masturbação ou usando um parceiro como um outro meio para o mesmo fim. Para a pessoa madura o parceiro não é um "objeto", de maneira alguma; ela vê no parceiro outro sujeito, um outro ser humano, vendo-o em sua verdadeira humanidade, e, se ela realmente ama, vê no parceiro sempre outra pessoa, o que significa que vê sempre sua unicidade. Essa unicidade constitui a personalidade de um ser humano, e é só o amor que dá a uma pessoa condição de poder conquistar outra dessa maneira.

O desejar a unicidade do ser amado compreensivelmente leva à união monogâmica. O parceiro não é intercambiável. Igualmente, se alguém não é capaz de amar, acaba por envolver-se na promiscuidade.[42] Ser promíscuo implica ignorar a unicidade do parceiro e isso por sua vez impede uma relação de amor. Desde que só o relacionamento sexual que estiver embebido no amor pode ser realmente compensador e satisfatório, a qualidade de vida sexual desse indivíduo é pobre. Não é de admirar que ele procure compensar a perda de qualidade pela quantidade. Isso, por sua vez, exige uma crescente e intensificada estimulação, como a que é providenciada por alguns pela pornografia.

---

42 Como a masturbação significa a busca do prazer pela redução da tensão como objetivo, do mesmo modo a promiscuidade significa usufruir do parceiro como um objeto. Em nenhum dos dois casos o potencial humano do sexo é realizado.

Disso torna-se claro porque não devemos justificar e glorificar tipos de fenômenos de massa como a promiscuidade e a pornografia, nem considerá-las manifestação de progresso. Elas são regressivas, são sintomas de retardamento na maturação sexual do indivíduo.

Mas não nos esqueçamos que o mito de que o sexo buscado como fonte de prazer seja indício de progresso é promovido por pessoas que sabem que isso é um bom negócio. O que me intriga é o fato de a geração jovem não só comprar o mito, mas também ser cega com relação à hipocrisia que está por trás. Em uma época em que a hipocrisia em matéria sexual é vista com maus olhos, é estranho que a hipocrisia daqueles que proclamam uma tal liberdade sem censura permanece despercebida. Será tão difícil perceber que seu objetivo real é a liberdade sem limites de ganhar dinheiro?

Não pode haver negócio florescente sem que haja uma substancial demanda a ser suprida por ele. Em nossa cultura atual nós testemunhamos aquilo que alguém chamaria de inflação de sexo. Isso só é compreensível dentro do amplo contexto de vácuo existencial e do fato de o homem, não mais dirigido pelos impulsos e instintos com relação ao que deve fazer, nem pelas tradições ou valores com relação ao que deveria fazer, agora não sabe nem mesmo o que gostaria de fazer.

No vácuo existencial resultante dessa situação, a libido sexual é hipertrofiada, e é essa hipertrofia que produz a inflação de sexo. Como outro tipo de inflação — a inflação monetária, por exemplo — é associada à desvalorização: o sexo é desvalorizado na medida em que é desumanizado. Então, observamos uma tendência para viver a vida sexual não integrada na vida pessoal, mas apenas como uma busca de prazer. Tal despersonalização do sexo é um sintoma de frustração existencial: a frustração da busca de sentido pelo homem.

Isso para as causas. Mas, o que dizer com relação aos efeitos? Quanto mais for frustrada a busca de sentido, tanto mais o indivíduo irá devotar-se àquilo que a Declaração Americana de Independência denominou a "busca da felicidade". Quando essa busca teve origem numa procura frustrada de sentido, ela está destinada a terminar na embriaguez e na droga. Em última análise trata-se de uma autofalência, pois a felicidade pode originar-se apenas como resultado de um viver não fechado em si mesmo, da autotranscendência, da dedicação a uma causa pela qual lutar ou a uma pessoa a quem amar.

Em contexto algum isso é mais evidente que na felicidade sexual. Quanto mais fizermos dela um objetivo, tanto mais ela será inalcançável. Quanto mais um paciente estiver preocupado com sua potência masculina, tanto mais provavelmente ela se tornará impotente; quanto mais a paciente estiver preocupada em demonstrar para si mesma que é capaz de experimentar o orgasmo, tanto mais ela será atingida pela frigidez. A maior parte dos casos de neurose sexual que encontrei em décadas de prática psiquiátrica pode remontar a esse conjunto de coisas.

Como já escrevi antes (Frankl, 1952, 1955; veja também "Intenção Paradoxal e Derreflexão" neste livro), os neuróticos sexuais usualmente atribuem ao desempenho sexual o que poderia ser chamado de demanda de qualidade. Consequentemente, as tentativas de cura desses casos devem partir da remoção de tal qualidade. Desenvolvi uma técnica pela qual muitos tratamentos foram positivos, e publiquei isso pela primeira vez em Inglês em *International Journal of Sexology* (Frankl, 1952). O que eu gostaria de sublinhar é o fato que a cultura presente, pelas motivações acima apontadas, idolatra o sucesso sexual e amplia a demanda de qualidade já sentida pelo neurótico, contribuindo assim para o crescimento de sua neurose.

Também a pílula, ao permitir que a parceira seja mais livre e mais espontânea em suas demandas, encoraja o parceiro a experimentar relações sexuais na medida das expectativas femininas. Autores americanos lamentam o movimento de liberação feminina por ter libertado a mulher de velhos tabus e inibições a ponto de jovens estudantes buscarem a satisfação sexual — solicitando a ajuda de seus colegas rapazes. O resultado é uma série de novos problemas variadamente chamados "impotência colegial", ou "a nova impotência" (Ginsberg e outros, 1972).[43]

Observamos algo análogo no nível infra-humano. Existem espécies de peixes cujas fêmeas habitualmente nadam de maneira sedutora diante dos machos que procuram fecundá-las. Konrad Lorenz teve êxito no treinamento de uma fêmea induzindo-a a comportar-se de maneira oposta — ela procurava o macho de modo agressivo. Qual a reação deste? Exatamente a que esperaríamos de um colegial: uma incapacidade absoluta de realizar o ato sexual!

Com relação à pílula, até agora discutimos apenas um efeito colateral, um efeito negativo. Olhando por um ângulo positivo, devemos reconhecer que ela prestou um serviço inestimável. Se é verdade que é o amor que faz com que o sexo seja humano, é a pílula que liberta o sexo da conexão automática com a procriação e permite que ele seja e permaneça pura expressão do amor. O sexo, como também já o dissemos, não deve jamais ser tido como um mero instrumento a serviço do princípio do prazer. Porém, como vemos agora, não deve estar simplesmente a serviço de outro fim enquanto este for ditado pelo instinto de procriação. A pílula libertou o sexo de tal tirania e assim tornou possível a realização de seu potencial real.

Os tabus sexuais vitorianos e as inibições estão em declínio e a liberdade no campo sexual se faz presente. O que não devemos esquecer é que essa liberdade ameaça degenerar em licenciosidade e arbitrariedade se não for vivida em termos de responsabilidade.

---

43 "As mulheres aprenderam tudo sobre o orgasmo", fala Nyles A. Freedman, diretor do Sexual Health Centers of New England, Inc. "É uma ênfase destrutiva no desempenho sexual que pode criar ansiedade e medo. Está crescendo a impotência sexual, devida em parte por aquilo que os homens pensam que as mulheres esperam deles." WHITE, Dena K. Livro do *American Institute of Family Relations* endereça suas queixas contra as demandas excessivas das mulheres (Newsweek, 16 de janeiro de 1978).

Sintoma ou terapia? Um psiquiatra vê a literatura moderna[44]

Quando fui convidado a falar para esse congresso, de começo fiquei hesitante. São tantos os representantes da literatura moderna que se intrometem no campo da psiquiatria — certo, mais exatamente de um tipo de psiquiatria obsoleta — que eu senti receio de começar a ser um psiquiatra a intrometer-se no campo da literatura moderna. E o que é mais importante, isso não sem perguntar-me se a psiquiatria tem qualquer coisa para dizer sobre a literatura moderna. Também não é verdade que a psiquiatria tenha as respostas. Ainda hoje nós psiquiatras não sabemos, por exemplo, qual é a causa real da esquizofrenia. Ainda menos sabemos como curá-la. Como com frequência digo, nós não somos nem oniscientes nem onipotentes; o único atributo divino que podem atribuir-nos é a onipresença — os senhores encontram-nos em qualquer painel ou simpósio, até em seu congresso...

---

44 Palavras pronunciadas como convidado de honra do Congresso do *International P.E.N.*, no Hilton Hotel de Viena, dia 18 de novembro de 1975.

Penso que devemos *parar de divinizar a psiquiatria* — e *começar a humanizá-la*. Para começar, devemos aprender a diferenciar entre o que é humano no homem e o que é patológico — em outros termos, entre o que é enfermidade mental ou emocional, por um lado, e, por outro, o que é, por exemplo, desespero existencial, desespero diante da aparente falta de sentido para a existência humana — sem dúvida, um tema preferencial da literatura moderna, não é? Sigmund Freud, é verdade, escreveu uma vez que "no momento em que alguém pergunta sobre o sentido ou o valor da existência, está doente"; mas eu penso que é nesse momento que o indivíduo manifesta sua humanidade. É um empreendimento humano o interrogar sobre um sentido para a vida, e cabe perguntar se tal sentido é alcançável ou não.

Mesmo se em um dado caso concluímos que um autor é realmente doente, não simplesmente neurótico, mas, psicótico, isso significaria necessariamente que sua obra é falsa ou sem valor? Não penso assim. *Que dois e dois são quatro continua sendo verdade, mesmo quando quem o disse é um esquizofrênico*. Creio que não é possível depreciar a poesia de Hoelderlin ou a verdade da filosofia de Nietzsche porque o primeiro sofria uma esquizofrenia e o último uma paralisia geral. Estou seguro que Hoelderlin e Nietzsche continuam sendo lidos e seus nomes reverenciados, enquanto os nomes daqueles psiquiatras que encheram volumes com as psicoses dos dois "casos" estão há muito esquecidos.

A presença de patologia não diz nada contra a obra do escritor. Como também não diz nada em favor. Nenhum escritor psicótico jamais criou uma obra importante porque era psicótico, mas criou apesar disso. *A doença por si nunca é criativa.*

Nos tempos atuais é moda ver a literatura moderna do ponto de vista do psiquiatra, e em particular considerá-la um produto de dinamismos inconscientes. Consequentemente, a assim chamada psicologia do profundo começou a ter como sua principal tarefa o desmascaramento das motivações secretas que estão por baixo da produção literária. Para mostrar-lhes o que acontece quando alguém coloca um escritor naquilo que eu gosto de chamar de "leito de Procusto", permitam-me citar uma crítica publicada no *Journal of Existencialism,* sobre dois volumes de um famoso freudiano dedicados a Goethe: "Em 1538 páginas, o autor retrata um gênio com as marcas do maníaco-depressivo, paranoide, e epileptoide, com traços de homossexualidade, incesto, voyeurismo, exibicionismo, fetichismo, impotência, narcisismo, neurose obsessivo-compulsiva, histeria, megalomania etc. O autor parece focalizar exclusivamente as forças do dinamismo instintivo que alicerçam o produto artístico. Somos assim induzidos a acreditar que a obra de Goethe é o resultado de fixações pré-genitais. Seu esforço não era realmente dirigido a um ideal, para a beleza e valores, mas para a superação de um embaraçoso problema de ejaculação precoce".[45]

Eu penso que o desmascaramento deve parar imediatamente, tão logo o psicólogo desmascarador defronte-se com algo de genuíno. Se não se deter aí, o que ele acaba desmascarando é sua motivação inconsciente para diminuir a grandeza interior do homem.

É admirável que o ofício de desmascarar e de desiludir tenha tanto atrativo para o leitor. Parece um consolo vir a saber que Goethe também não era senão um neurótico, principalmente que era um neurótico como você ou como eu ou qualquer outro neurótico (e quem não for neurótico atire a primeira pedra). Aproveitando, é também agradável ouvir que o homem não é nada mais que um "macaco nu", o campo de jogo do *id*, do ego e do superego, a peça de jogo manejada pelos impulsos e instintos, o produto de processos de condicionamento e de aprendizagem, a vítima das circunstâncias socioeconômicas, tendências inatas e complexas.

Como Brian Goodwin uma vez observou tão corretamente, "É bom para as pessoas saber que não são, senão, isso ou aquilo,

---

[45] *Journal of Existencialism* 5, 1964, p. 229.

pois acreditam que os bons remédios devem ser amargos".⁴⁶ Parece-me que em última análise as pessoas, para as quais se desiludir é tão interessante, experimentam um prazer masoquista no "apenas isso..." que é proclamado pelo reducionismo.

Voltando ao desiludir a moderna literatura, tanto se as raízes da produção literária forem normais ou anormais, como se elas forem conscientes ou inconscientes, permanece o fato de que o escrever é tido como um ato de autoexpressão. Sou de parecer que o escrever segue ao falar, e o falar, por sua vez, segue ao pensar; e não há pensamento sem alguma coisa de reflexão e imaginação. Vale o mesmo para a escrita e para a fala, visto que as duas estão ligadas ao significado que comunicam. Se não contiver uma mensagem, a linguagem não é linguagem. Simplesmente não é verdade que "o meio é a mensagem". Ao contrário, penso que é *somente a mensagem que transforma o meio em verdadeiro meio*.

A linguagem é mais que mera autoexpressão.⁴⁷ A linguagem está sempre apontando para algo além dela. Em outras palavras, é sempre autotranscendente — como a existência humana em sua totalidade. O ser humano está sempre dirigido para alguma coisa ou para alguém, além de si mesmo, a fim de preenchê-lo de sentido, ou para outro ser humano a fim de ir a seu encontro. Como o olho saudável, que não se vê a si mesmo, o homem, também, funciona melhor quando passa por alto e esquece a si mesmo, entregando-se. Esquecendo a si mesmo desenvolve a *sensibilidade,* entregando-se amplia a *criatividade.*

Em virtude da autotranscendência da existência humana o homem é um ser em busca de sentido. Ele é dominado pela vontade de sentido. Hoje, contudo, a vontade de sentido está frustrada. Cada vez mais os pacientes voltam a nós psiquiatras

---

46 "Science and Alchemy ", In: *The Rules of the Game: Cross — Disciplinary Essays on Models in Scholarly Thought.* Ed. Theodor Shanin. Londres, Tavistock Publications, 1972, p. 375.
47 Com a exceção única da linguagem esquizofrênica. Há alguns anos, demonstrei experimentalmente que a linguagem dos esquizofrênicos não mais se dirige a um objeto, mas simplesmente expressa o estado de ânimo do sujeito.

queixando-se de sentimentos de falta de sentido e de vazio, de *uma sensação de futilidade e de absurdo*. São vítimas da neurose de massa de hoje.

Esse sentimento de falta de sentido tem algo a ver com o tema geral desse congresso. Três décadas de paz relativa tornaram o homem capaz de pensar para além da luta pela sobrevivência. Agora nós perguntamos qual o derradeiro sentido depois da sobrevivência — mas existe algum? Nas palavras de Ernst Bloch: "Hoje aos homens é concedido confrontar-se com as realidades que antes confrontavam só no leito de morte".

Fenômenos de dimensões mundiais tais como a violência e as drogas, ou as taxas impressionantes de suicídio, particularmente entre a juventude universitária, são alguns sintomas desses sentimentos; mas também uma parte da literatura moderna é um sintoma. Enquanto a moderna literatura limitar-se a conter apenas a si mesma e contentar-se com a expressão de si — para não dizer, a autoexibição — ela refletirá o senso de futilidade e de absurdo de seus autores. E, o que é mais importante, isso cria o absurdo, o que é compreensível à luz do fato que o sentido deve ser descoberto, não pode ser inventado. O sentido não pode ser criado; o que pode ser criado é o contrassenso.

Não é de admirar que um escritor, tomado pelo sentimento de ausência de sentido, seja tentado a preencher o vazio com o contrassenso e o absurdo.

Contudo, existe outra opção. A literatura moderna não deve continuar sendo outro sintoma da neurose de massa atual. Ela pode muito bem contribuir para a terapia. Escritores que passaram pelo inferno do desespero por causa da aparente falta de sentido da vida podem oferecer seus sofrimentos como um sacrifício no altar da humanidade. Sua autorrevelação pode ajudar o leitor que estiver atingido pela mesma condição, ajudá-lo a superá-la.

O menor serviço que o escritor pode prestar ao leitor deveria ser o despertar do senso de *solidariedade*. Nesse caso, o sintoma passaria a ser a terapia. Todavia, se a literatura moderna deve assumir esse papel terapêutico — em outros termos, se ela deve dinamizar seu *potencial terapêutico* — deve abster-se de transformar o niilismo em cinismo.

Por mais que se justifique que o escritor possa partilhar com o leitor seu senso de futilidade, é um cinismo irresponsável proclamar o absurdo da existência. Se o escritor não for capaz de *imunizar o leitor contra o desespero,* deveria ao menos abster-se de inoculá-lo.

Tive a honra de fazer o discurso de abertura da Feira Austríaca do Livro. O título que escolhi foi: *O livro como terapia.* Em outras palavras, falei sobre a *cura através da leitura.* Comuniquei ao meu auditório casos em que um livro mudou a vida do leitor, e outros casos em que um livro salvou-lhe a vida, impedindo-o de cometer suicídio. Inclui o caso de Aaron Mitchell, a última vítima da câmara de gás da prisão de San Quentin, perto de San Francisco. Fui falar com os prisioneiros a convite do diretor do presídio, quando terminei, alguém levantou-se e perguntou-me se eu poderia dizer algumas palavras a Aaron Mitchell, que deveria ser executado dentro de poucos dias. Era um desafio que eu deveria aceitar. Falei então ao senhor Mitchell sobre minha própria experiência nos campos de concentração nazistas, quando eu também tinha de viver à sombra da câmara de gás. Mesmo então, disse-lhe eu, não abandonei minha convicção sobre a incondicional plenitude de sentido da vida, porque ou a vida tem um sentido — e então ela conserva esse sentido mesmo que tenhamos de viver poucos momentos — ou a vida não tem sentido, e nesse caso não valeria nada acrescentar muitos anos e prolongar assim uma situação vazia de sentido. "E pode crer, disse-lhe eu, mesmo uma vida que tenha sido sempre vazia de sentido, isto é, uma vida que tenha sido desperdiçada, pode — mesmo no último momento — ganhar sentido pelo modo como nós enfrentamos tal situação." Para dar um exemplo, contei-lhe a história relatada na novela

A Morte de Ivan Ilitch, de Leon Tolstói — que com certeza os senhores se recordam —, de um homem que aos sessenta anos veio a saber que deveria morrer dentro de dois dias. Mas por uma intuição ele percebe, não apenas ao confrontar a morte, mas ao dar-se conta de que havia desperdiçado a vida, que sua existência fora praticamente sem sentido — por essa intuição ele eleva-se acima de si mesmo, cresce para além de si e assim finalmente é capaz de retroativamente encher a própria vida com um sentido infinito.

Pouco antes da execução Aaron Mitchell deu uma entrevista, publicada no *Chronicle* de San Francisco, na qual não deixou dúvida que a mensagem de Tolstói o havia atingido.

Daí podem os senhores concluir quanto o homem de rua pode ser beneficiado por um autor, mesmo numa situação extrema de vida, para não falar numa situação de morte. Podem ver também até onde chega a responsabilidade social do autor. É verdade, devem ser garantidas a liberdade de opinião do autor e sua expressão, mas liberdade não é a última palavra, não é a história toda. Liberdade ameaça degenerar em arbitrariedade se não for contrabalanceada pela responsabilidade.

Esporte:
o ascetismo de hoje[48]

Gostaria de falar do esporte no sentido mais amplo — isto é, do *esporte como um fenômeno humano*. Isso implica estar falando do fenômeno autêntico e não de *sua degeneração no chauvinismo* olímpico ou de seu abuso pelo *comercialismo*.

Entretanto, o acesso ao fenômeno autêntico chamado esporte estará bloqueado enquanto sua análise estiver ligada ao conceito de homem que prevalece nas atuais teorias de motivação. Conforme essas teorias o homem é um ser que tem certas necessidades e empenha-se por satisfazê-las, em última análise, para chegar à "redução da tensão" — isto é, com o objetivo de manter ou recuperar o equilíbrio interior chamado "homeostase". Homeostase é um conceito tomado emprestado da biologia, embora depois ficasse demonstrado que nesse campo ele não é sustentável. Ludwig von Bertalanffy demonstrou que fenômenos biológicos fundamentais, tais como desenvolvimento e reprodução, não podem ser explicados

---

[48] Texto apresentado no Congresso Científico realizado pelos Jogos Olímpicos de Munique, 1972.

em termos do princípio da homeostase, e Kurt Goldstein comprovou que somente um cérebro que esteja funcionando patologicamente caracteriza-se pela tentativa de evitar incondicionalmente as tensões. Eu mesmo penso que o homem jamais é primordialmente interessado em uma tal condição interior, mas, com mais razão sempre interessado em alguma coisa, ou alguém, na realidade exterior, seja uma causa a servir ou alguém a ser amado (o que significa que o parceiro não é tido como um meio para alcançar o fim da satisfação da necessidade).

Em outros termos, a existência humana — pelo menos enquanto não for neuroticamente distorcida — é sempre direcionada e relacionada para algo diferente do próprio ser. Eu denominei essa característica constitutiva "a autotranscendência da existência humana". A autorrealização só é possível como produto secundário da autotranscendência.[49]

Em contraste com a hipótese da homeostase eu proponho as quatro teses seguintes:

1) *O homem não tende primariamente a evitar as tensões – ao contrário, ele precisa de tensões;*

2) *Consequentemente, ele procura tensões;*

3) *Hoje ele encontra tensões suficientes;*

4) *Por isso é que ele às vezes cria tensões.*

1) Não é preciso dizer que o homem não deve ser submetido a tensões excessivas. O que ele carece é apenas de uma quantidade moderada, uma quantidade saudável, uma dosagem equilibrada de tensões.[50] Não apenas as exigências demasiadas, também o

---

49 Isso não deve ser confundido com realidades transcendentais em sentido religioso. "Autotranscendência" refere-se apenas ao fato de que quanto mais o ser humano esquece a si mesmo e se dá, tanto mais humano ele é.
50 A existência humana caracteriza-se não apenas pela sua autotranscendência, mas também pela

contrário, a ausência de desafios pode ser doentia. Nesse sentido Werner Schulte citou a falta de tensões como uma origem típica de colapsos nervosos. Selye, o pai do conceito de estresse, admitiu recentemente que "*estresse* é o sal da vida". Eu dou um passo adiante e declaro que o homem tem necessidade de uma tensão específica, ou seja, daquele tipo de tensão que se estabelece entre o ser humano, de um lado, e, do outro, o sentido que ele deve realizar. Na realidade, se um sujeito não é desafiado por uma tarefa que exige o seu empenho, surge um certo tipo de neurose — a neurose noogênica;

2) É claro que o homem não procura as tensões pelas tensões, mas, em particular, procura mais realizações que confiram sentido à sua existência. O homem é basicamente motivado por aquilo que eu denomino a "vontade de sentido", como as pesquisas empíricas nos anos mais recentes têm confirmado;

3) Hoje, entretanto, muita gente não consegue mais encontrar esse sentido e objetivo da vida. Em contraste com as descobertas de Sigmund Freud, o homem não é mais em primeiro lugar um frustrado sexual, mas um "existencialmente frustrado". E em contraste com as descobertas de Alfred Adler, sua queixa maior não é mais o sentimento de inferioridade, mas sim a sensação de futilidade, a sensação de falta de sentido e de vazio, que eu denominei o "vazio existencial". Seu sintoma maior é o tédio. Artur Schopenhauer, no século passado, afirmou que a humanidade precisa estar condenada eternamente a vacilar entre os dois termos da necessidade e do tédio.[51] Hoje chegamos a esse último extremo. A sociedade afluente

---

sua capacidade de autodesprendimento. Poderia ser observado também que uma certa distância entre o real e o ideal estado das coisas é intrínseco à nossa condição humana; uma pesquisa experimental mostrou que uma tensão exageradamente pequena entre o ego e o ego ideal é tão prejudicial à saúde mental quanto a tensão demasiada.
51 Penso que há períodos de estilo repressivo de educação em oposição a períodos de estilo permissivo. Parece que agora a permissividade extrema está em declínio.

deu a vastos segmentos da população os recursos, mas as pessoas não conseguem perceber um objetivo, um sentido para o qual viver. Acresce que vivemos em uma sociedade do ócio. Cada vez mais as pessoas têm mais tempo livre, não há nada que possua um sentido pelo qual valha a pena gastá-lo. Tudo isso leva à conclusão óbvia que, na medida em que o homem economiza tensões e empenho, ele perde a capacidade de suportá-los. Mais importante, perde a capacidade de renúncia. Mas Hoelderlin estava certo quando disse que lá onde o perigo ameaça, ali a salvação está próxima. Como a sociedade afluente oferece pouquíssimas tensões, o homem se põe a criá-las;

4) Ele cria artificialmente as tensões das quais fora poupado pela sociedade afluente! Ele providencia para si mesmo as tensões ao colocar-se deliberadamente questões a respeito do próprio ser — ao expor-se voluntariamente a situações de estresse, mesmo se apenas por algum tempo. Pelo que vejo, essa é exatamente a função dos esportes! Os esportes permitem ao homem criar situações de emergência. O que ele espera de si é uma façanha desnecessária — um sacrifício desnecessário. Em meio a um oceano de abundância, surgem ilhas de ascetismo! Eu vejo os esportes como as formas modernas e seculares de ascetismo.

O que pretende dizer com façanha desnecessária? Nós vivemos em uma época em que o homem não necessita caminhar — ele toma um carro. Ele não necessita subir escadas — ele toma o elevador. Então, nessa situação, ele logo escala montanhas. Para o "macaco nu" não é mais necessário subir em árvores, então ele põe-se livre e voluntariamente a subir montanhas e a escalar picos perigosos. Ainda que não haja montanhismo nos Jogos Olímpicos, espero que permitam-me focalizar por um momento o esporte da escalada de rochas.

Eu disse que ao escalar rochas o homem cria artificialmente necessidades que ele perdeu pela evolução. Contudo, essa interpretação restringe-se às escaladas até o terceiro grau de dificuldade — o macaco não é apto para realizar escaladas de terceiro grau. Os famosos macacos que dominam os rochedos de Gibraltar não seriam capazes de enfrentar dificuldades como as superadas por alguns alpinistas do Tirol e da Baviera, que foram os primeiros a dominar o Pão de Açúcar do Rio de Janeiro. Mas permitam-me lembrar a definição técnica do sexto grau de dificuldade na escalada de rochas — ele diz: *até o último limite das possibilidades humanas!* Isto é, o alpinista de 1ª classe vai além das *necessidades* artificiais; ele está interessado em *possibilidades* — ele procura saber até onde vão os limites das possibilidades humanas! Mas os limites estão sempre mais além, como o horizonte, porque o homem os empurra sempre para adiante a cada passo que dá em sua direção.

Há outras interpretações dos esportes que não fazem justiça à humanidade do fenômeno. Elas não apenas desvalorizam a função do ascetismo secular, mas também estão baseadas numa teoria da motivação antiquada e ultrapassada que pinta o homem como um ser para o qual a realidade exterior serve apenas como simples meio para satisfação de impulsos e instintos, inclusive os impulsos agressivos, com a finalidade de livrar-se das tensões internas criadas por eles. Porém, contrariamente a esse conceito de sistema fechado, o homem é um ser que vai além de si em busca de sentidos a plenificar e de outros seres humanos a encontrar, e que certamente são para ele mais que simples meios para dar vasão a seus instintos e impulsos agressivos e sexuais.

Entretanto, considerando a alternativa do desafogo — que é a possibilidade de sublimá-los — Carolyn Wood Sherif alerta-nos contra o risco de alimentarmos a ilusão, que é característica dos conceitos sistema-fechado de homem, ou seja, a ilusão que a agressividade do indivíduo poderia ser canalizada para atividades inócuas, como o esporte. Ao contrário, "existe um corpo substancial de pesquisas que evidenciam que a execução bem-sucedida de ações agressivas, longe de reduzir agressões subsequentes, é o melhor caminho para aumentar a frequência de respostas agressivas (esses estudos incluíram tanto comportamentos animais como humanos)".

Podemos ver que não apenas a libido sexual prospera no vácuo existencial, mas também a *destrudo* agressiva. Robert Jay Lifton parece concordar comigo quando afirma que "os homens estão mais aptos para matar quando se sentem submergidos na falta de sentido",[52] e as hipóteses estatísticas são favoráveis a essa afirmação.

Perguntamos agora como minha teoria sobre o esporte pode ser aplicada à prática.

Eu disse que o homem tem curiosidade de situar os limites de suas possibilidades, mas que pela busca dos mesmos, ele os empurra para mais adiante, como o horizonte. Segue-se daí que em qualquer competição esportiva o homem na realidade *compete consigo mesmo*. Ele é *seu próprio rival*. Ao menos deveria ser! Não é uma prescrição moral, mas um fato que acontece, porque quanto mais ele quiser competir com os outros e vencê-los, tanto menos será capaz de dinamizar seu potencial. Ao contrário, quanto mais ele se dispuser a fazer o máximo que puder, sem se preocupar demasiadamente com o sucesso e triunfo sobre os outros, mais depressa e mais facilmente seus esforços serão coroados de êxito. Há coisas que escapam à intenção direta, só podem ser alcançadas com efeito colateral de um outro empenho procurado. Quando forem buscadas como objetivo direto, o objetivo será perdido. A felicidade sexual é um exemplo: não é conseguida com a busca direta.

Qualquer coisa de semelhante acontece com os esportes. Procurem dar o melhor de si e provavelmente os senhores acabarão sendo vencedores; ao contrário, procurem vencer e estarão sujeitos a perder. Estarão tensos em vez de relaxados. Em termos mais leves, não conseguirão vencer demonstrando que "são os maiores", mas procurando descobrir "quem é o maior: você ou

---

52 *History and Human Survival* (New York, Randon House, 1969).

você?", conforme uma comédia famosa da velha Viena. De fato, Ilona Gusenbauer (que até 1972 nos jogos Olímpicos de Munique detinha o recorde mundial de salto em altura) disse recentemente numa entrevista: "Eu não devo dizer a mim mesma que vencer os outros é minha obrigação". Para dar um outro exemplo; a seleção de futebol da Áustria estava perdendo de 2 a 0 para os Húngaros no final do primeiro tempo. Os austríacos estavam "deprimidos, desencorajados e pessimistas", conforme seu técnico. Mas, depois do intervalo voltaram a jogar com moral elevada. O que havia acontecido? Stastny, o técnico, havia dito a eles que ainda tinham uma chance, mas que ele não os condenaria se perdessem a partida — contanto que cada um desse o melhor de si. O resultado foi admirável: 2x2.

A melhor motivação nos esportes — para alcançar os melhores resultados — exige que cada um dispute consigo mesmo mais que com os outros. Tal atitude é o contrário da "hiperintenção", termo pelo qual a logoterapia denomina o empenho neurótico de fazer de alguma coisa o objetivo tanto da intenção como da atenção. A intenção paradoxal é uma técnica logoterapêutica criada para contrapor-se à hiperintenção. Ela tem sido usada com sucesso no tratamento de neuroses, e Robert L. Korzep, o técnico de uma equipe americana de beisebol, atesta que ela pode ser aplicável também no esporte.

No Instituto de Logoterapia da Universidade de San Diego, Califórnia, ele resumiu assim sua experiência:

> Sou um técnico de esportes muito interessado nas atitudes mentais e nos efeitos que elas possam ter sobre a vitória ou a derrota das equipes. Penso que a logoterapia pode ser utilizada ou aplicada nas situações que acontecem com os atletas — isto é, situações de pressão, ansiedade antes das partidas, crises durante as mesmas, perda de confiança, de espírito de sacrifício e de dedicação e atletas-problema. Em minhas experiências de técnico posso agora recordar e compreender certos incidentes nos esportes que envolveram tanto

comportamentos individuais quanto de grupo e que poderiam ter sido remediados com uma técnica logoterapêutica. Sou particularmente entusiasta das possibilidades que o conceito logoterapêutico de intenção paradoxal pode apresentar aos atletas.

Warren Jeffrey Byers, que foi técnico de natação por muitos anos, descreveu "algumas experiências sobre a aplicação da logoterapia na natação competitiva", como segue:

> A logoterapia é aplicável nos atuais processos de treinamento. Todo técnico sabe que a tensão é inimiga dos resultados superiores. A causa primária da tensão durante a natação é estar totalmente voltado para a vitória, ou a busca excessiva de sucesso. O atleta pode estar todo preocupado em vencer o nadador ao lado. No momento em que o atleta hiperestende o sucesso, alcança apenas um resultado inferior. Se o atleta hiperestende, ele perde seu ritmo assumindo o do adversário. O nadador vai querer observar o adversário para ver como as coisas desenrolam-se. Quando treino um pupilo com esse problema eu enfatizo a importância de nadar o próprio nado. Tenho usado uma forma de intenção paradoxal. Existe ainda outra consequência da hiperintenção. Conheci atletas que ficavam extremamente nervosos e ansiosos antes duma prova. Perdiam o sono principalmente na noite antes da disputa. A tarefa então era acalmá-los. Uso uma forma de derreflexão. Quero que o atleta não se fixe em vencer a competição, mas pense antes em nadar o melhor que puder. Ele conseguirá desenvolver seu nado, se colocar-se como o grande rival de si mesmo. Tais são alguns dos recursos que a logoterapia aplica no mundo da natação competitiva e de minhas atividades como treinador. Acredito que a logoterapia pode ser um poderoso instrumento de trabalho para o técnico. Lamentavelmente muitos treinadores não conhecem as técnicas da logoterapia. Não há dúvida que quando as informações chegarem a mais técnicos através das publicações especializadas em natação, o uso da logoterapia na natação será muito maior.

Escutemos agora um atleta que foi campeão europeu: "Fui invencível por sete anos. Nos últimos tempos fazia parte da seleção nacional.

Fui muito pressionado. *Eu devia vencer,* toda a nação esperava isso. O tempo antes duma competição era terrível". A hiperintenção crescia às custas da camaradagem. "Esses sujeitos — seus companheiros — eram os melhores amigos até o momento antes da competição, quando se odiavam mutuamente."

Contrasta com isso o que E. Kim Adams, ex-aluno meu e campeão de paraquedismo, tem a dizer sobre um outro atleta: "*O verdadeiro atleta compete somente contra si mesmo.* O atual campeão mundial de paraquedismo é Clay Schoelpple, um companheiro junto com o qual eu cresci. Analisando por que os Estados Unidos e não a União Soviética venceram o último torneio, disse simplesmente que os russos tinham vindo para vencer. Clay porém compete apenas consigo mesmo". E foi ele que venceu.

Pós-escrito

Dr. Terry Orlick é professor de psicologia do esporte na Universidade de Ottawa. Ele recomenda aquilo que Frankl denomina "intenção paradoxal".

Em lugar do penoso procurar ver-se livre da ansiedade, você tenta sentir sua angústia, e ela, com isso, desaparece. Se você fica tão ansioso suando frio antes de um evento importante começar, experimente suar o duplo. Alguns atletas acham esse método muito eficaz. Recordo-me de dois casos recentes de atletas que facilmente deixavam-se tomar de ansiedade e que experimentaram, como isso os ajudou em competições muito importantes para eles. Um deles começou a sentir grande ansiedade antes do torneio. Ele perguntou-se: "Por que estou ansioso?". E respondeu para si mesmo: "Vou mostrar quanto posso ficar ansioso. Quando eu chegar ao máximo de minha ansiedade, ela desaparecerá".

A outra atleta estava tão insegura, antes da disputa de um título mundial, que começou a sentir-se mal do estômago. Em vez de tentar relaxar, ela procurou sentir sua ansiedade até o ponto mais elevado. Ela falou para si mesma: "Estou tão ansiosa que estou ficando doente. Então, pensando quanto isso era ridículo, pôs-se a rir e a ansiedade desapareceu" (Em *Pursuit of Excellence*, Ottawa, Coaching Association of Canadá, 1980, pp. 124-125).

Temporalidade e mortalidade: um ensaio ontológico[53]

Face a face com a transitoriedade da vida podemos dizer que o futuro ainda não existe, o passado não existe mais, e a única coisa que realmente existe é o presente. Ou podemos dizer que o futuro é nada, o passado também nada é, e o homem é um ser que caminha para o nada, "lançado" para o ser e ameaçado pela inexistência; como então diante da transitoriedade essencial da existência humana, pode o homem encontrar sentido na vida?

A filosofia existencial afirma que ele pode. O que essa filosofia chama "heroísmo trágico" é a possibilidade de dizer sim à vida apesar de sua transitoriedade. O existencialismo enfatiza o presente — por mais transitório que o presente seja.

O contrário pode ser dito do quietismo, que, na tradição de Platão e Santo Agostinho, afirma que a eternidade e não o presente

---

53 Baseado em um texto intitulado "Derseelich kranke Mensch vorder Frage nach dem Sinn des Daseins" *(Neurosis and the Quest for Mealing)*. Que eu li na Universidade de Innsbruck no Tyrol, em 19 de fevereiro de 1947.

é a verdadeira realidade. Certo, o que é entendido por eternidade é uma realidade simultânea que abrange o presente, o passado e o futuro. Em outros termos, o que é negado não é a realidade do passado ou a do futuro, mas sim a realidade do tempo como tal. A eternidade é vista como um mundo em quatro dimensões — permanente, rígido e predeterminado. De acordo com o quietismo, o tempo é imaginário, e o passado, o presente e o futuro são meras ilusões de nossa consciência. Tudo existe simultaneamente. Os eventos não se seguem em sequência temporal, mas o que é visto como sequência no tempo é apenas um autoengano causado por nossa consciência que desliza ao longo dos acontecimentos, isto é, os aspectos individuais da realidade imutável, que não são fatos sucessivos, mas na realidade coexistentes.

É compreensível que o quietismo conduza necessariamente ao fatalismo: se cada coisa na realidade "já é", nada pode ser mudado e não há nada mais a fazer. Esse fatalismo, nascido da crença em um ser imutável, tem sua contrapartida no pessimismo do existencialismo, que é a consequência da crença que tudo seja instável e mutável.

A logoterapia ocupa a posição média entre o quietismo e o existencialismo, e isso pode ser melhor explicado pela analogia da ampulheta, o antigo símbolo do tempo. A parte superior da ampulheta representa o futuro — o qual ainda está para acontecer, como a areia na parte superior que deve passar pela abertura estreita e que representa o presente. E a parte inferior da ampulheta representa o passado — a areia que já passou pela abertura estreita. O existencialismo vê apenas a passagem estreita do presente, sem dar atenção à parte superior e à inferior, o futuro e o passado. O quietismo, no outro lado, vê a ampulheta em sua totalidade, mas considera a areia como uma massa inerte que não "escorre", mas simplesmente "é".

A logoterapia quer afirmar que, porquanto seja verdade que o futuro "não é", o passado é a pura realidade. E essa posição também pode ser evidenciada pela comparação da ampulheta.

Sem dúvida, como todas as comparações, também esta é falha, mas é precisamente por suas falhas que a essência do tempo pode ser demonstrada. Vejamos: uma ampulheta deve ser virada quando a parte superior estiver vazia. Isso evidentemente não pode ser feito com o tempo — o tempo é irreversível. Outra diferença: sacudindo a ampulheta nós misturamos os grãos de areia, mudando suas posições relativas. Só em parte isso poderá ser feito com o tempo: podemos "sacudir" e modificar o futuro — e com o futuro e no futuro podemos modificar a nós mesmos — mas o passado é definitivo. Em termos de ampulheta, seria como se a areia ficasse rígida à medida que passasse pela abertura estreita do presente, como se fosse tratada com um fixador, um preservativo, um conservante. De fato, cada coisa permanece conservada no passado, e dessa maneira está conservada para sempre.

Quanto à inegável transitoriedade da vida, a logoterapia afirma que isso realmente só aplica-se com relação às possibilidades de dar um sentido, às oportunidades de criar, de experienciar, de sofrer com sentido pleno. Quando tais possibilidades concretizam-se, elas não são mais transitórias — elas passaram, elas são passado, e isso quer dizer que elas existem de certo modo, ou seja, como uma parte do passado. Nada pode mudá-las, nada pode anulá-las. Quando uma possibilidade aconteceu, ela está feita "uma vez e para sempre", para toda a eternidade.

Agora podemos notar o sentido com que a logoterapia contrapõe um "otimismo do passado" ao "pessimismo do presente" proposto pelo existencialismo. Uma vez exprimi a diferença entre os dois pelo exemplo seguinte:

> *O pessimista é como um homem que observa com inquietação e tristeza ir afinando-se a cada dia que passa, seu calendário, do qual toda manhã destaca uma folha. No outro extremo, a pessoa que enfrenta ativamente os problemas da vida é como o homem que destaca dia a dia cada folha de seu calendário e a arquiva cuidadosa e carinhosamente com as anteriores, depois de ter anotado em seu*

verso algumas linhas diárias. Ele pode espelhar-se com prazer e alegria em toda a vida que viveu plenamente. O que significa para ele perceber que está envelhecendo? Tem ele algum motivo para invejar aos jovens que vê, ou para ter saudades de sua juventude perdida? Que motivos tem ele para invejar os jovens? Pelas possibilidades abertas aos jovens, o futuro para ele já é história? "Não, obrigado!", pensará ele. "Em vez de possibilidades eu tenho realidades em meu passado, não apenas a realidade do trabalho realizado e do amor amado, mas também do sofrimento sofrido com coragem. Esses sofrimentos são as coisas de que mais me orgulho, ainda que sejam realidades que não inspirem inveja a ninguém.

Os jovens, por seu lado, não deveriam deixar-se contaminar pelo desprezo universal com que a sociedade orientada para a juventude encara os idosos. Caso contrário, quando os jovens tiverem a sorte de chegar também eles à velhice, serão obrigados a ver seu desprezo pelos idosos transformar-se em autodesvalorização.

A logoterapia afirma que "ser vivido" é um modo de ser, talvez o mais seguro. Na expressão "ser passado" a logoterapia põe ênfase no "ser". Quando Martin Heidegger esteve pela primeira vez em Viena, visitou-me em minha residência e discutiu comigo esse assunto. Para expressar sua concordância com minha visão do passado tal como apresentada acima, ele autografou sua foto com estas palavras:

Das Vergangene geht;

Das Gewesene Kommt.

Que eu traduzo assim:

O que passou, passou;

O que é passado, está presente.

Consideremos agora a aplicabilidade prática da ontologia da logoterapia, particularmente sua ontologia do tempo. Imaginemos uma mulher que perdeu seu marido apenas um ano depois do casamento. Ela fica desesperada e não vê mais sentido algum para seu futuro. Para tal pessoa seria muito importante poder perceber que o ano de felicidade conjugal que viveu jamais lhe será tirado. Ela o salvou, podemos dizer assim, guardando-o no passado. Daí nada nem ninguém poderá jamais remover seu tesouro. Mesmo que não tenha tido um filho, sua vida jamais será sem sentido, desde que sua experiência culminante de amor permaneça depositada no magazine do passado.[54]

Mas, poderia alguém perguntar, essa recordação não é algo transitório? Quem, por exemplo, iria conservá-la após a morte da viúva? A isso eu responderia que é irrelevante se alguém recorda-se ou não, do mesmo modo como é irrelevante se nós prestamos atenção ou não em alguma coisa que existe e está conosco. Aquilo existe e continua a existir independentemente de lhe darmos ou não atenção, de pensarmos ou não naquilo. Continua a existir independentemente mesmo de nosso existir.

É verdade que nada podemos levar conosco quando morremos. Mas aquela totalidade de nossa vida, que completamos no momento definitivo de nossa morte, fica *fora* da sepultura e fora permanece — e isso é assim, não *apesar* de, mas exatamente *porque* ela entrou para o passado. Assim, o que tivermos esquecido, o que tiver escapado de nossa consciência, não foi eliminado da realidade; passou a fazer parte do passado e permanece como parte da realidade.

Identificar como parte do passado apenas aquilo que ainda é lembrado seria uma interpretação falha e subjetivista de nossa ontologia do tempo. Essa ontologia, longe de ser uma espécie de torre de marfim com elevado nível de abstração, pode ser clara até para o homem comum, se usarmos uma abordagem

---

54 A teoria que a procriação é o único sentido para a vida contradiz e derrota a si própria; se a vida for em si sem sentido, não poderá fazer-se significativa apenas por sua perpetuação.

socrática. Aconteceu assim quando entrevistei uma de minhas pacientes em plena sala de aula. Ela havia expresso sua inquietude diante da transitoriedade da vida. "Cedo ou tarde, tudo está acabado, disse ela, e nada restará." Como não conseguisse persuadi-la que a transitoriedade da vida não lhe diminui a plenitude de sentido, fui adiante perguntando: "A senhora não conheceu algum homem cujas realizações despertaram-lhe grande respeito?", "certamente" — respondeu ela — "o médico de nossa família era um homem extraordinário. Quando assumia seus pacientes, vivia todo para eles..." "Ele morreu?", perguntei. "Sim", respondeu ela. "Mas, sua vida foi extraordinariamente significativa, não foi?", perguntei. "Se alguma vida teve sentido foi a dele", disse ela. "Mas essa plenitude de sentido acabou-se no instante em que sua vida terminou?" "Não, nada pode alterar o fato que sua vida tenha sido tão significativa", foi sua resposta. Mas continuei a provocá-la: "E quem mais, além de um paciente dele, pode apreciar o que recebeu desse médico?" "Mas o significado é o mesmo", respondeu a mulher. "E se nenhum paciente lembrar-se mais?" "É o mesmo". "E quando um dia o último de seus pacientes tiver morrido?". "Continua sendo o mesmo...".

Como outro exemplo, permitam-me citar uma entrevista gravada que realizei com outra paciente.[55] Ela tinha um câncer avançado e sabia disso. Quando apresentei o caso em aula, desenvolveu-se o seguinte diálogo:

> *Frankl: O que a senhora pensa quando olha para sua vida passada? Valeu a pena vivê-la?*
> *Paciente: Bem doutor, eu devo dizer que foi uma vida feliz. A vida era bonita, sem dúvida. Devo agradecer a Deus pelo que tive na vida: fui a teatros, frequentei concertos, e outras coisas... Veja, doutor, cheguei aqui com a família em cuja casa trabalhei como criada por várias*

---

55 Veja *Modern Psychotherapeutic Practice: Innovations in Technique*, edição de Arthur Burton. Palo Alto, Califórnia: Science and Behavior Books, 1965.

décadas, em Praga primeiro, depois em Viena. E sou agradecida a Deus por todas essas experiências maravilhosas.

Contudo, percebi que ela estava duvidosa sobre o sentido de sua vida e procurei orientá-la para a superação de tal inquietação. Então fiz-lhe questões a respeito do significado da vida a nível de consciência e não para reprimir suas dúvidas:

Frankl: A senhora falou de algumas experiências maravilhosas, mas tudo isso agora está acabando, não é?
Paciente: (pensativa) Sim, tudo acaba...
Frankl: Bem, a senhora pensa que essas coisas maravilhosas de sua vida podem transformar-se em nada?
Paciente: (ainda pensativa) todas essas coisas maravilhosas...
Frankl: Mas, diga-me, a senhora acredita que alguém possa aniquilar a felicidade que a senhora sentiu? Pode alguém apagar isso?
Paciente: Não, doutor, ninguém pode apagar isso!
Frankl: Ou que alguém possa apagar a bondade que a senhora encontrou em sua vida?
Paciente: (começando a deixar-se tomar pela emoção) Não, ninguém pode apagar isso!
Frankl: Aquilo que a senhora realizou e completou...
Paciente: Ninguém pode apagar isso!
Frankl: Ou então o que a senhora sofreu corajosa e honestamente, pode alguém eliminar isso da realidade — eliminar do passado onde a senhora guardou isso tudo, como parece?
Paciente: (comovida até às lágrimas) Não, ninguém pode eliminar! (Pausa) É verdade, tive que sofrer muito. Mas procurei ser corajosa e firme para suportar o que tive de suportar. Veja, doutor, eu considero meu sofrimento um castigo. Eu creio em Deus.
Frankl: (procurando colocar-se no lugar da paciente) Mas o sofrimento não pode ser uma provação? Não é possível que Deus queira ver até onde Anastasia Kotek é capaz de suportar? E talvez ele tenha tido de admitir: "Sim, ela tem sido realmente corajosa!". E agora diga-me: é possível eliminar do mundo uma realização dessas, Senhora Kotek?
Paciente: Certamente ninguém pode fazer isso!
Frankl: Isso continua sendo realidade, não é?

Paciente: Continua!
Frankl: O que conta na vida é realizar algo significativo. E é exatamente isso que a senhora fez. A senhora fez de seu sofrimento o melhor. A senhora começou a ser um exemplo para nossos pacientes pelo modo como assumiu seus sofrimentos. Dou-lhe meus parabéns pelo que fez, dou também os meus parabéns aos outros pacientes que puderam ser testemunhas de tal exemplo. (Voltando-se para o auditório) Ecce homo! (O auditório explode em um aplauso espontâneo). Estas palmas são para a senhora, senhora Kotek. (Ela está chorando) Isso diz respeito à sua vida, com a qual realizou algo muito grande. A senhora pode orgulhar-se disso. E poucas pessoas podem orgulhar-se de suas vidas... Eu diria que sua vida é um monumento. E ninguém pode removê-lo do mundo.
Paciente: (recuperando o autocontrole) O que o senhor disse, professor Frankl, é um consolo. Isso me conforta. Realmente, nunca tive oportunidade de ouvir nada igual... (calma e tranquila ela deixa o auditório).

Uma semana depois ela morreu. Entretanto, durante a última semana de vida, ela não estava deprimida, mas, ao contrário, plena de confiança e orgulho. Antes disso, ela sofrera demais, torturada pela ansiedade de ver-se uma pessoa inútil. Nossa entrevista deixou-a consciente de que sua vida era cheia de sentido e de que seu sofrimento não fora em vão. Suas últimas palavras foram: "Minha vida é um monumento. Assim falou o professor Frankl a todo o auditório, a todos os estudantes. Minha vida não foi inútil..."[56]

É verdade, tudo é transitório — tudo e todos, seja uma criança que geramos, ou o grande amor do qual nasceu a criança, seja uma grande ideia — tudo é igualmente transitório. A vida humana dura setenta anos, talvez oitenta, e se é uma boa vida, vale a pena vivê-la. Um pensamento dura talvez sete segundos, mas, se é um bom pensamento, contém uma verdade. Mas tanto a grande ideia é transitória como a criança e o grande amor. Eles são transitórios. Tudo é transitório.

---

56 Veja a nota no final deste capítulo.

Por outro lado, todavia, tudo é eterno. Mais que isso: faz-se eterno. Não podemos evitá-lo. Se tivermos iniciado qualquer coisa, a eternidade se apossa dela. Mas temos de assumir a responsabilidade por aquilo que tivermos preferido realizar, aquilo que tivermos escolhido para começar a ser parte do passado, que tivermos selecionado para ser eterno!

Tudo é escrito no arquivo eterno — nossa vida toda, todas as nossas criações e ações, encontros e experiências, todos os nossos amores e sofrimentos. Tudo isso está contido e permanece no arquivo eterno. A realidade não é um manuscrito redigido em um código que devemos decifrar, como ensinou o grande filósofo existencialista Karl Jaspers. Não, a realidade é, antes, um documento que devemos ditar.

Esse documento é de natureza dramática. Dia a dia a vida nos faz questões, somos interrogados pela vida e devemos respondê-la. *A vida, gostaria de afirmar, é um período de perguntas e respostas que dura quanto durar a vida.* Com relação às respostas, não me canso de dizer que podemos responder à vida apenas com o responder de nossas vidas. *Responder à vida significa fazer-nos responsáveis* por nossas vidas.

O arquivo eterno não pode ser perdido — o que é um conforto e uma esperança. Mas, também não pode ser corrigido — o que é um alerta e uma advertência. Adverte-nos que, uma vez que nada pode ser removido do passado, com maior razão é dever nosso salvar as possibilidades que escolhemos, remetendo-as para o passado. Fica evidente agora que a logoterapia apresenta não só um "otimismo do passado" (em contraste com o "pessimismo do presente" do existencialismo), mas também um "ativismo do futuro" (em contraste com o "fatalismo da eternidade" do quietismo). Se cada coisa fica para sempre armazenada no passado, é importante decidir no presente o que queremos eternizar levando-a a fazer parte do passado. Esse é o segredo da criatividade: nós removemos algo do nada do futuro "transformando-a em passado".

A responsabilidade humana, portanto, está no "otimismo do futuro", no saber escolher as possibilidades do futuro, e no "otimismo do passado", isto é, transformando as possibilidades em realidades, pondo-as a salvo no abrigo do passado.

Esta, portanto, é a razão pela qual tudo é tão transitório: tudo é passageiro porque tudo foge da nulidade do futuro para a segurança do passado! É como se cada coisa estivesse dominada por aquilo que os físicos antigos chamavam de *horror vacui*, o medo do vazio: é por isso que tudo vai correndo do futuro para o passado, do vazio do futuro para a existência do passado. É a razão pela qual há uma congestão na "passagem estreita e na abertura do presente", porque ali todas as coisas são detidas e atropelam-se, esperando ser libertadas — como um evento que se faz passado, ou como uma de nossas criações e ações, admitidas por nós na eternidade.

O presente é a fronteira entre a não-realidade do futuro e a realidade eterna do passado. Justamente por isso é a "linha demarcatória da eternidade"; em outras palavras, a eternidade é finita: estende-se só até o presente, o momento presente em que escolhemos o que desejamos admitir na eternidade. A fronteira da eternidade é onde a cada momento de nossas vidas é tomada a decisão sobre o que queremos eternizar ou não.

Compreendemos agora que engano acontece quando entendemos a frase "ganhar tempo" como expressão para o fato de deixarmos algo para o futuro. Ao contrário, ganhamos tempo quando o libertamos e o depositamos no passado.

E, retomando a analogia da ampulheta, o que acontece quando toda a areia escorreu pela passagem e a parte superior está vazia, quando o tempo passou para nós, e nossa vida está completa e terminada? Em uma palavra, o que acontece na morte?

Na morte tudo o que se passou congela-se no passado. Nada mais poderá ser modificado. A pessoa não tem mais nada à sua disposição: nem mente, nem corpo, ela perdeu seu ego psicológico. O que lhe resta é o *self*, o *eu* espiritual.

Muita gente acredita que a pessoa que está morrendo vê sua vida toda em uma fração de segundo, como um filme em alta velocidade.[57] Assumindo essa imagem, podemos dizer que o próprio homem é o filme. Então ele "é" sua vida, ele transformou-se na história de sua vida — tenha sido ela boa ou má. Ele se fez seu próprio céu ou seu próprio inferno.

Isso leva ao paradoxo que o passado do homem é seu verdadeiro futuro. O homem enquanto vive tem um futuro e um passado; o moribundo não tem futuro no sentido usual, mas apenas um passado; o morto porém, "é" seu passado. Que ele seja "somente", sua vida passada não tem importância; afinal, o passado é o modo mais seguro de ser. O passado é exatamente aquilo que não pode mais ser eliminado.

O passado é "passado perfeito" no sentido literal do termo. A vida então está completa, realizada. Mesmo se no decurso da vida apenas *faits accomplis*[58] singulares passem pela cânula da ampulheta, agora, depois da morte, a vida passou em sua totalidade, transformou-se em um *par-fait accompli!*

Isso leva a um segundo paradoxo — e duplo, por sinal. Se é verdade que o homem, como vimos, faz de alguma coisa uma realidade por colocá-la no passado (e assim ironicamente *salvando-a* de sua transitoriedade!) — se é assim, é também o homem que se faz realidade, que "cria" a si mesmo. Em segundo lugar, ele não é bem uma realidade a partir de seu nascimento, mas a partir de sua morte; ele está "criando" a si mesmo no momento da morte. Seu *eu* não é algo que "é", mas algo que vai acontecendo, e por isso chega a ser completamente só quando a vida é completada pela morte.

Na realidade, na vida cotidiana o homem tende a entender mal o sentido da morte. Quando o despertador toca de manhã

---

57 Devo um episódio desse tipo ao falecido Rudolf Reif, um de meus primeiros companheiros de alpinismo, e até publiquei um texto sobre isso, juntamente com o falecido Otto Pötzl, um eminente neuropatologista ("Uber die seelischen Zustände während des Absturzes", *Monatsschrift für Psychiatrie und Neurologie*, 123, 1952. pp. 362-380).
58 Fatos consumados (em francês no original) (NT).

e desperta-nos de nossos sonhos, sentimos tal fato como se algo de terrível estivesse acontecendo no mundo de nossos sonhos. E ainda presos em nossos sonhos, às vezes, não percebemos (ou pelo menos não de imediato) que o despertador chama-nos para a existência real, nossa existência no mundo real. Mas, nós mortais não agimos de maneira semelhante, quando nos aproximamos da morte? Não nos esquecemos igualmente que a morte desperta-nos para nossa verdadeira realidade?

Mesmo se for uma mão amorosa e acariciante que acorda-nos, por mais que seja gentil, nós não percebemos logo sua gentileza. Mesmo então sentimos apenas uma intromissão no universo de nossos sonhos, uma tentativa de lhes dar um fim. Assim, frequentemente a morte aparece como algo assustador, e dificilmente suspeitamos o quanto de bem ela significa...

Nota: Terry E. Zuehlke e John T. Watkins "investigaram a eficácia da logoterapia com doentes terminais. Os pacientes experimentaram um significativo crescimento no sentido de objetivo e significado em suas vidas, de acordo com o Teste de Objetivo de Vida". (T.E. Zuehlke e J.T. Watkins. "The use of psychotherapy with dying patients. An exploratory study." *Journal of Clinical Psychology*, 1975, 31, pp. 729-732. E T.E. Zuehlke e J.T. Watkins. "Psychotherapy with terminally ill patients". *Psichoterapy Theory Research and Practice*, 1977, 14, pp. 403-410).

Intenção paradoxal
e derreflexão

A intenção paradoxal e a derreflexão são duas técnicas desenvolvidas no contexto da estrutura da logoterapia (Frankl, 1938, 1955, 1958; Polak, 1949; Weisskopf-Joelson, 1955). A logoterapia é usualmente classificada na categoria de psicologia humanística (Bühler e Allen, 1972), ou identificada como psiquiatria fenomenológica (Spiegelberg, 1972), ou existencial (Allport, 1959; Lyons, 1961; Pervin, 1960). Numerosos autores afirmam que a logoterapia é simplesmente um desses sistemas que obtiveram sucesso no desenvolvimento de técnicas psicoterapêuticas no verdadeiro sentido da palavra (Leslie, 1965; Kaczanowski, 1965, 1967; Tweedie, 1961; Ungersma, 1961). As técnicas às quais eles se referem são aquelas que eu denominei "intenção paradoxal" (Frankl, 1947, 1955) e "derreflexão" (Frankl, 1947, 1955).

Intenção paradoxal

Eu tenho usado a intenção paradoxal desde 1929, embora não tenha publicado uma descrição formal da mesma antes de 1939. Em seguida ela foi elaborada dentro de uma metodologia (Frankl, 1953) e incorporada no sistema da logoterapia (Frankl, 1956). Desde então a crescente literatura sobre a intenção paradoxal tem demonstrado que a técnica é uma terapia eficaz em casos de condições obsessivo-compulsivas e fóbicas (Gerz, 1962; Kaczanowski, 1965; Ko-courek, Niebauere Polak, 1959; Lehembre, 1964; Medlicott, 1969; Muller-Hegemann, 1963; Victor e Krug, 1967; Weisskopf-Joelson, 1968), nos quais ela com frequência tem-se comprovado ser uma terapia breve (Dilling e outros, 1971; Gerz, 1966; Henkel e outros, 1972; Jacobs, 1972; Marks, 1969, 1972; Solyom e outros, 1972).

Para compreender como funciona a intenção paradoxal tomemos como ponto de partida o mecanismo chamado ansiedade antecipatória: um dado sintoma evoca por parte do paciente a expectativa temerosa de que aquilo possa acontecer novamente. O temor, entretanto, tende sempre a fazer com que aconteça exatamente aquilo que se teme; e do mesmo modo, a ansiedade antecipatória pode com probabilidade fazer desencadear-se aquilo que o paciente aguarda com tanto medo que aconteça. Daí um círculo vicioso fica estabelecido: um sintoma evoca a fobia; a fobia provoca o sintoma; e a recorrência do sintoma reforça a fobia. Um objeto do medo é o próprio medo: nossos pacientes com frequência referem-se à "ansiedade da ansiedade". Em um exame mais atento esse "temor do temor" com frequência manifesta-se como efeito das apreensões do paciente sobre os efeitos de seus ataques de ansiedade: ele receia que eles lhe provoquem um colapso ou desmaio, um ataque cardíaco ou apoplético. Mas o medo do medo aumenta o medo.

```
        (1) EVOCA
       ╱         ╲
  (3) REFORÇA     ↘
   SINTOMA         FOBIA
       ╲         ╱
        (2) PROVOCA
```

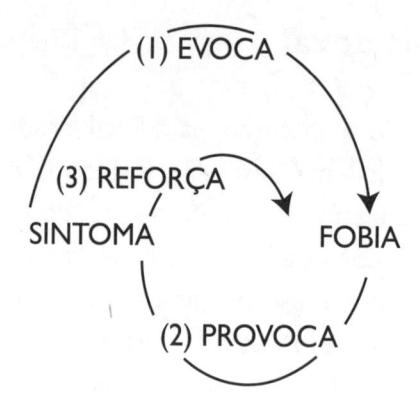

A reação mais típica ao "medo do medo" é a "fuga ao medo" (Frankl, 1953): o paciente começa a evitar aquelas situações que habitualmente faziam surgir sua ansiedade. Em outros termos, foge de seu medo. Esse é o ponto inicial de qualquer neurose de ansiedade: "As fobias são devidas em parte ao esforço para evitar as situações nas quais a ansiedade aparece" (Frankl, 1960). Teóricos e terapeutas têm confirmado essa descoberta. É a opinião de Marks (1970), por exemplo, que "a fobia é mantida pelo mecanismo de fuga para reduzir a ansiedade". Ao contrário, "o desenvolvimento de uma fobia pode ser impedido pelo confronto com a situação que provoca o temor" (Frankl, 1969).

A "fuga do medo" como uma reação ao "medo do medo" constitui o *modelo fóbico,* o primeiro dos três comportamentos patogênicos reconhecidos pela logoterapia (Frankl, 1953). O segundo é o *modelo obsessivo-compulsivo:* enquanto nas situações fóbicas o paciente manifesta "medo do medo", o neurótico obsessivo-compulsivo exibe "medo de si mesmo", seja porque é perturbado pela ideia de que poderia cometer suicídio ou um homicídio — seja porque as estranhas ideias que o assombram parecem-lhe sinal de uma psicose iminente ou já instalada. Como poderia ele saber que a estrutura de caráter obsessivo-compulsivo o imuniza contra a real psicose? (Frankl, 1955).

Enquanto a "fuga do medo" é uma característica do modelo fóbico, o paciente obsessivo-compulsivo é caracterizado por sua "luta contra obsessões e compulsões". Mas, infelizmente, quanto mais ele as combate, tanto mais fortes elas se fazem: a pressão produz contrapressão, e a contrapressão, por sua vez, faz crescer a pressão.[59] De novo estamos diante de um círculo vicioso.

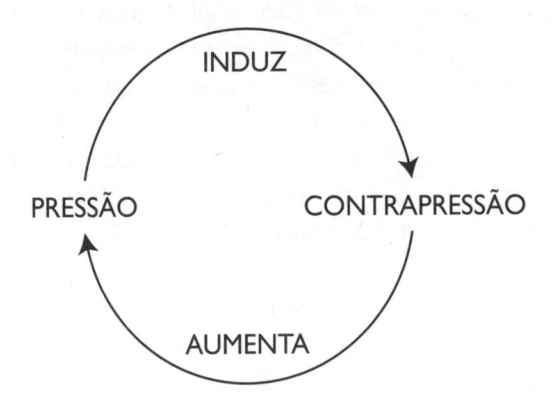

```
           INDUZ
        ╱────────╲
       ╱          ↘
  PRESSÃO      CONTRAPRESSÃO
       ↖          ╱
        ╲────────╱
          AUMENTA
```

Como então é possível frear esse mecanismo de *feedback*? E, só para começar, como podemos desestimular os temores de nossos pacientes? Bem, essa é exatamente a tarefa a ser desempenhada pela intenção paradoxal, que pode ser definida como um processo pelo qual *o paciente é encorajado a fazer, ou a desejar que aconteçam precisamente as coisas que teme* (a primeira formulação é dirigida ao paciente fóbico, a segunda ao obsessivo-compulsivo). Assim, teremos impedido o paciente fóbico de fugir de seus medos, e o paciente obsessivo-compulsivo estará livre de continuar a lutar contra suas obsessões e compulsões. Em cada um dos casos, o temor patogênico é agora substituído por um desejo paradoxal. O círculo vicioso da ansiedade antecipatória está agora desmontado.

---

59 Isso é muito evidente em casos de blasfêmias obsessivas. Para uma técnica de tratamento específico, veja-se Frankl, 1955.

O leitor poderá encontrar na literatura específica casos que ilustram o tema (Frankl, 1955, 1962, 1967, 1969; Gerz, 1962, 1966; Jacobs, 1972; Kaczanowski, 1965; Medlicott, 1969; Solyom e outros, 1972; Victor e Krug, 1967; Weisskopf-Joelson, 1968). Aqui apresento apenas material ainda não publicado, sendo o primeiro uma carta espontânea que recebi de um leitor:

> *Eu devia submeter-me ontem a um exame e meia hora antes descobri que estava literalmente gelado de medo. Olhei para meus apontamentos e minha mente estava em branco. As matérias que tanto havia estudado eram completamente estranhas para mim. Entrei em pânico: "não consigo lembrar nada! Vou rodar no exame!". Não preciso dizer, meu medo crescia de minuto a minuto, minhas anotações eram cada vez menos familiares. Estava suando, e meu pavor crescia cada vez que olhava aquelas anotações! Cinco minutos antes do exame eu vi que, se continuasse assim durante a prova, iria com certeza fracassar. E então sua intenção paradoxal veio-me à mente. Falei para mim mesmo: "Uma vez que vou mesmo fracassar, devo fazer o máximo para fracassar de vez!" Devo apresentar ao professor uma prova tão ruim que ele fique confuso por uma semana! Escreverei bobagens sem pé nem cabeça, responderei coisas que não tenham nada a ver com aquelas perguntas! Vou mostrar a ele como é que um estudante vai mal em uma prova! Será a prova mais ridícula que ele corrigirá em toda a sua carreira!". Com isso em mente, eu estava sorrindo forçado quando a prova começou. Acredite ou não, cada questão era muito clara para mim — fiquei relaxado, à vontade, e por mais que pareça estranho, eu estava com um ânimo fantástico! Saí-me bem no exame e recebi um A!*
>
> *PS. A intenção paradoxal também cura soluços. Se alguém se esforça para continuar a soluçar, não consegue!*

O trecho seguinte, de outra carta, serve como outro exemplo:

> *Tenho quarenta anos e sofri uma neurose durante os últimos dez anos. Recorri a um psiquiatra, mas não encontrei o alívio que procurava (fiz*

dezoito meses de terapia). Depois de uma de suas aulas, em 1968, ouvi um dos participantes perguntar-lhe como deveria tratar seu medo de voar. Escutei com atenção porque essa era também minha fobia. Dentro daquilo que penso ser sua técnica de "intenção paradoxal", o senhor sugeriu-lhe que deixasse o avião explodir e cair e que se visse a si mesmo em pedaços nele! Um mês depois eu devia fazer uma viagem aérea de 2500 milhas e, como sempre, estava apavorado. Minhas mãos estavam suadas e meu coração palpitava. Sua orientação para o outro homem veio-me à mente. Então imaginei que o aparelho explodia; eu caía entre as nuvens de cabeça para o solo. Antes que pudesse terminar a fantasia, dei-me conta que estava ficando realmente calmo e refletindo sobre alguns negócios que me interessavam. Tentei umas tantas outras vezes até conseguir imaginar-me reduzido a uma massa sangrenta sobre o solo. Quando o aparelho aterrissou, eu estava calmo e admirando a paisagem como uma ave. Sendo um freudiano por convicção de exercício terapêutico, eu perguntava-me a respeito dos níveis tão profundos da patologia que não seriam alcançados pela intenção paradoxal. Estou agora me perguntando se não há recursos terapêuticos que sejam sempre mais profundos que os níveis patológicos do indivíduo, recursos que são basicamente humanos e que podem ser liberados pela intenção paradoxal.

Outro caso, mais compulsivo que fóbico por sua natureza, foi apresentado por Darrel Burnett, um conselheiro:

Um homem chegou ao centro comunitário de saúde mental queixando-se da compulsão que tinha de examinar a porta de entrada antes de deitar-se à noite. Havia chegado ao ponto de ter de examinar e reexaminar a porta dez vezes no espaço de dois minutos. Disse que havia tentado em vão discutir a coisa consigo mesmo, mas sem resultado. Eu disse-lhe que procurasse ver quantas vezes seria capaz de examinar a porta em dois minutos, para tentar bater o próprio recorde! A princípio ele achou que isso era tolice, mas depois de três dias a compulsão havia desaparecido.

Devo a Larry Ramirez o relato de outro caso:

A técnica que ajudou-me muitas vezes e foi muito eficaz em minhas sessões de aconselhamento foi a intenção paradoxal. Por exemplo, Linda T., uma atraente estudante de dezenove anos, anotara em sua ficha de inscrição que tinha muitos problemas em casa com os pais. Mal nos assentamos, ficou evidente para mim que ela estava muito tensa. Ela gaguejava. Minha reação natural seria dizer-lhe: "Relaxe, está tudo bem" ou "Fique calma", mas pela experiência anterior eu sabia que dizer-lhe para ficar relaxada serviria apenas para aumentar-lhe a tensão. Portanto falei exatamente o contrário: "Linda, quero que fique o mais tensa que puder. Fique o mais nervosa que lhe for possível". "Tudo bem", disse ela, "ficar nervosa é fácil para mim". Começou a cerrar os punhos e a agitar as mãos como se estivessem trêmulas. "Está bem", falei, "mas procure ficar mais nervosa ainda". O humor da situação começou a ficar evidente para ela, que disse: "Eu estava realmente nervosa, mas não consigo ir mais longe. É estranho, mas quanto mais tento ficar nervosa, tanto menos consigo". Recordando esse caso, torna-se evidente para mim que foi o humor provocado pelo uso da intenção paradoxal que ajudou Linda a perceber que ela era primeiramente um ser humano e só depois uma cliente e que eu também em primeiro lugar era uma pessoa, e em segundo lugar seu conselheiro. O humor tornou evidente nossa humanidade.

O papel do humor na prática da intenção paradoxal é ainda mais claro na seguinte passagem, de um texto de Mohammed Sadiq:

N., uma senhora de 48 anos diagnosticada como histérica, tinha o corpo sempre agitado e trêmulo. Sofria ataques de tremor tão intensos que não era capaz de tomar uma xícara de café sem derramá-lo todo. Não conseguia escrever e nem mesmo segurar um livro para ler. Certa manhã saiu de seu quarto, assentou-se diante de mim do outro lado da mesa começando a tremer e a agitar-se. Não havia outros pacientes por perto e então decidi usar a intenção paradoxal com bastante humor.
Terapeuta: Gostaria de competir comigo para ver quem treme mais, senhora N.?
Paciente (chocada): O quê?
Terapeuta: Vamos ver quem treme e se agita mais e por mais tempo?

Paciente: O senhor também sofre desses tremores?
Terapeuta: Não, eu não tenho esse problema, mas sou capaz de tremer, se quiser, (e comecei a agitar-me).
Paciente: É! O senhor treme mais depressa! (Procurando agitar-se mais rapidamente e sorrindo).
Terapeuta: Mais depressa, vamos, senhora N., mais depressa...
Paciente: Não consigo... (Estava começando a cansar- se). Vamos parar. Não consigo de jeito nenhum. (Ela levantou-se, foi para a sala de jantar, e serviu-se de uma xícara de café. Bebeu-a toda, sem derramar uma gota).
Terapeuta: Foi divertido, não foi?
Daí por diante, cada vez que eu a via tremendo, dizia-lhe "vamos, senhora, vamos apostar". E ela me respondia: "sem dúvida, funciona mesmo!".

De fato, é essencial na prática da intenção paradoxal fazer o que Ramirez e Sadiq fizeram, ou seja, mobilizar e utilizar a exclusiva capacidade humana de humor. Lazarus (1971) assinala que "um elemento integrante da intenção paradoxal de Frankl é a evocação deliberada do humor. Um paciente que tem medo de transpirar é convidado a demonstrar aos presentes como sua transpiração é realmente forte, a transpirar em jorros, em torrentes a ponto de ensopar qualquer coisa com a qual entre em contato". Raskin e Klein (1976) colocam a questão: "Que maneira é mais eficaz para minimizar um distúrbio do que fingir aprová-lo com um piscar de olhos?". Contudo não devemos esquecer que o senso de humor é exclusivamente humano. E mais, o homem é o único animal capaz de rir. Especificamente, o humor deve ser visto como uma manifestação daquela capacidade peculiarmente humana que na logoterapia é denominada autodistanciamento (Frankl, 1966). Não tem mais sentido deplorar, como o fez Lorenz (1967) "que até agora não tenhamos tomado suficientemente a sério o humor". Nós, logoterapeutas, temos feito isso, ouso dizer, desde 1929. É muito digno de nota nesse contexto que atualmente os terapeutas comportamentais começam a reconhecer a importância do humor.

Citamos Hand e outros (1974) que "trataram com sucesso pacientes com agorafobia crônica por meio de exposições grupais ao vivo", e foi observado que "um eficiente recurso utilizado pelos grupos era o humor (vide a intenção paradoxal de Frankl, 1960). Esse recurso era usado espontaneamente e com frequência ajudou a superar situações de dificuldade. Quando todo o grupo estava amedrontado, alguém quebrava o gelo com uma brincadeira, que era acolhida com uma risada de alívio".

Como ensina a logoterapia, a capacidade de autodistanciamento — junto com outra, a capacidade de autotranscendência (Frankl, 1959) — é um fenômeno intrínseco e definitivamente humano, e como tal foge a qualquer tentativa reducionista de considerá-lo entre os fenômenos infra-humanos. Em virtude da autotranscendência o homem é capaz de esquecer-se de si próprio, de dar-se, de sair em busca de um sentido para sua existência. Sem dúvida, ele então pode também frustrar-se em sua busca de sentido, mas, mesmo isso, só é compreensível em nível humano. As abordagens psiquiátricas que se fixam nos "modelos de máquina" ou nos "modelos de rato", como Gordon Allport (1960) os denominou, perdem recursos terapêuticos. No fim de contas, o computador não é capaz de rir-se de si mesmo, um rato não é capaz de perguntar-se se sua existência tem um sentido.

Essa crítica não pretende negar a importância dos conceitos da teoria da aprendizagem e das abordagens terapêuticas comportamentais. Comparada com a terapia comportamental, a logoterapia simplesmente acrescenta outra dimensão — a dimensão especificamente humana — e assim está em condição de reunir recursos disponíveis apenas dentro da condição humana. Sob essa luz tem razão o psicólogo norueguês Bjarne Kvilhaug (1963) quando afirma que a logoterapia está em condição de realizar o que ele denomina a "humanização" da terapia comportamental. A pesquisa de orientação comportamental, por sua vez, tem comprovado e validado empiricamente muito da prática logoterapêutica e de sua teoria.

Como Agras (1972) pensa "a intenção paradoxal expõe de modo eficaz o paciente à sua situação de temor, convidando-o a provocar deliberadamente as consequências de seu comportamento por ele temidas, em vez de fugir das situações. Assim, a uma paciente que padece de agorafobia, com medo de sofrer um desmaio se for caminhar sozinha, é pedido que tente sair e desmaiar. Ela percebe que não consegue desmaiar e que pode enfrentar sua fobia". Mesmo antes dessa observação de Agras, Lazarus (1971) destacou que "quando as pessoas estimulam a manifestação de suas ansiedades antecipatórias, quase sempre descobrem que as reações opostas é que aparecem — seus piores receios acalmam-se e quando o método é usado mais vezes, seus temores desaparecem progressivamente". Dilling Rosefeldt, Kockott e Heyse (1971) afirmam que "os bons, e às vezes muito rápidos, resultados obtidos pela intenção paradoxal podem ser explicados dentro das linhas da teoria da aprendizagem".[60]

Lapinsohn (1971) tentou interpretar os resultados obtidos pela intenção paradoxal a partir de fundamentos neurofisiológicos, uma explanação que é tão válida quanto a que foi empreendida por Muller-Hegemann (1963), cuja orientação é de base reflexológica. Isso concorda com uma interpretação de neurose que apresentei em 1947:

> Todas as psicoterapias de orientação psicanalítica têm grande interesse em descobrir as condições originárias do "reflexo condicionado",

---

[60] Diante de todas as semelhanças entre a logoterapia e a terapia comportamental, não deviam ser passadas por alto ou desconsideradas as diferenças. Sou devedor a Elisabeth Bedoya de quem é a narrativa que ilustra a diferença entre a técnica logoterapêutica da intenção paradoxal de um lado, e de outro o recurso aos símbolos que é representativo da modificação comportamental: "O senhor e a senhora... estavam muito preocupados com o filho de nove anos que ainda molhava a cama todas as noites. Procuraram meu pai para aconselhar-se e disseram-lhe que haviam batido no menino, falado com ele, humilhado, ignorado etc. Mas nada do que disseram ou fizeram conseguiu evitar que ele continuasse a molhar a cama, apenas piorando as coisas. Meu pai disse ao menino que cada vez que ele molhasse a cama receberia uma moeda. Rudy prometeu levar-me ao cinema e comprar-me bombons, pois estava certo de que em pouco tempo teria muito dinheiro. Mas, na consulta seguinte, Rudy ganhou apenas duas moedas. Ele disse a meu pai que se esforçou muito para molhar a cama cada noite, porque queria receber muitas moedas. Estava muito triste e não conseguia entender o que havia acontecido, ele nunca falhava antes!".

a partir do qual a neurose pode ser compreendida, ou seja, a situação — externa e interna — na qual um determinado sintoma apareceu pela primeira vez. É minha opinião, entretanto, que a neurose desenvolvida foi causada não apenas pelas condições primárias, mas também pelos condicionamentos secundários. Esse reforço, por sua vez, foi causado pelo mecanismo de feedback chamado ansiedade antecipatória. Portanto, se quisermos recondicionar um reflexo condicionado, devemos desmontar o ciclo formado pela ansiedade antecipatória, e este é o verdadeiro serviço prestado pela nossa técnica da intenção paradoxal.

Os terapeutas comportamentais não só fizeram explanações sobre como trabalha a intenção paradoxal, mas também têm procurado provar experimentalmente que ela funciona de fato. Solyom e outros (1972) trataram com pleno sucesso pacientes que sofriam neuroses obsessivas de quatro a vinte e cinco anos. Um deles fizera quatro anos e meio de psicanálise; quatro tinham sido tratados com eletrochoques. Os autores escolheram dois sintomas que eram aproximadamente iguais em importância para o paciente e em frequência de ocorrências e aplicaram a intenção paradoxal para um deles. O outro, o "sintoma de controle", foi deixado sem tratamento. Embora o período de tratamento fosse curto (seis semanas), houve uma melhora de 50% dos sintomas cuidados. "Alguns sujeitos relataram mais tarde que depois aplicaram a intenção paradoxal a outras ideias obsessivas." No mesmo período "não se verificou nenhuma substituição de sintoma". Os autores concluíram que "a intenção paradoxal, só ou em combinação com outros tratamentos, pode ser um método relativamente rápido para alguns pacientes obsessivos".

De fato, a literatura sobre a intenção paradoxal inclui casos nos quais essa técnica logoterapêutica foi combinada com modificações comportamentais, e alguns terapeutas comportamentais demonstraram que os resultados obtidos pela sua terapia podem ser reforçados pela adição de técnicas logoterapêuticas, tais como a intenção paradoxal. E de acordo com esse ecletismo sadio que Jacobs cita o caso da senhora K., que por quinze anos sofreu severa claustrofobia:

> A fobia atingia viagens aéreas, o uso de elevadores, trens, ônibus, cinemas, restaurantes, teatros, supermercados e outros ambientes fechados. O problema era particularmente agravado pelo fato de K., que morava na Inglaterra, ser uma atriz com frequência obrigada a voar para o exterior a fim de atuar em teatros e televisão. A paciente apresentou-se para tratamento oito dias antes de sair da África do Sul, onde passava férias, para voltar à Inglaterra. Tinha medo de entrar em choque ou morrer. Foi-lhe então ensinado a cortar o pensamento e lhe foi dito que usasse isso para bloquear todos os "pensamentos catastróficos". A técnica da intenção paradoxal de Frankl foi então aplicada para atacar mais fortemente suas percepções das fobias e as reações que sentia. Ela foi orientada para cada vez que começasse a sentir-se ansiosa em qualquer das situações fóbicas, em vez de combater e tentar suprimir os sintomas e ideias que a perturbavam, deveria dizer a si mesma: "Eu sei que não há nada de fisicamente errado comigo, estou apenas tensa e com excesso de oxigênio no organismo, e quero provar isso a mim mesma deixando esses sintomas crescerem o mais possível". Foi-lhe ensinado que tentasse deixar-se sufocar ou morrer "no ato" e que permitisse que os sintomas crescessem ao máximo. Ela aprendeu também uma forma breve e modificada de relaxação progressiva de Jacobson. Foi instruída a praticar e aplicar o método nas situações fóbicas para permanecer calma, mas ficou combinado que não deveria esforçar-se demais para relaxar ou combater a tensão. Enquanto estava ainda relaxada teve início o processo de dessensibilização... Antes de deixar o consultório foi instruída a procurar expressamente as situações fóbicas, tais como elevadores, lojas, cinemas, restaurantes, inicialmente com o marido, depois sozinha; entrar naqueles lugares e agir da seguinte maneira: relaxar como fora-lhe ensinado, prender a respiração como se estivesse com excesso de oxigênio, dizer a si mesma para não se preocupar. "Não devo preocupar-me, posso controlar isso; seja como for, quero provar que nada acontece"... Ela retornou dois dias depois e contou que havia seguido rigorosamente as instruções, havia ido a um cinema e a um restaurante, usara diversas vezes o elevador sozinha, tomara diversos ônibus e havia frequentado

lojas apinhadas. Voltou novamente quatro dias mais tarde, na véspera do voo para a Inglaterra. Havia mantido os progressos obtidos e não sentia ansiedade antecipatória de espécie alguma com relação ao voo que estava para empreender. Ela disse e o marido confirmou que estivera em elevadores, ônibus, lojas cheias, em um cinema e em um restaurante, sem nenhuma ansiedade ou medo... A paciente escreveu-me uma carta que recebi duas semanas depois que deixara a África do Sul. Contava que não havia tido nenhuma dificuldade durante a viagem e que estava completamente livre de suas fobias. Havia também viajado de metrô em Londres — o que não fazia há muitos anos. Revi a senhora K. e o marido 15 meses depois de seu tratamento. Ambos confirmaram que ela continuava inteiramente livre de seus sintomas anteriores.

Jacobs descreve também o tratamento de outro paciente, o qual era mais compulsivo que fóbico. O senhor T. sofria há doze anos uma debilitadora neurose obsessivo-compulsiva. Uma variedade de tratamentos, incluindo uma terapia de orientação psicanalítica e eletrochoques, havia falhado.

Nos últimos 7 anos ele havia desenvolvido uma obsessão e medo de sufocar-se, a ponto de ter dificuldade de comer e beber, chegando a grande ansiedade e com o esforço para engolir acabou por gerar um estado de bolo histérico. Sentia também dificuldade ao atravessar uma rua porque imaginava que ficaria sufocado quando estivesse no meio do caminho... Ele foi orientado a fazer deliberadamente as coisas das quais tinha receio e nas quais suas obsessões manifestavam-se, até quando elas não mais o apavorassem... O paciente foi instruído a praticar relaxação ao comer, beber e ao atravessar a rua. Usando a técnica da intenção paradoxal, foi-lhe dado um copo d'água para beber, com a indicação de esforçar-se para tentar ao máximo afogar-se — o que não foi capaz de fazer. Foi também orientado para tentar sufocar-se pelo menos três vezes ao dia... As poucas sessões seguintes foram utilizadas para técnicas de redução da ansiedade e uso da intenção paradoxal... Na duodécima sessão o paciente estava pronto para relatar o desaparecimento completo de suas obsessões.

Um outro relato diz assim:

> *Vicki, uma caloura de escola superior, veio ao meu consultório de "orientador". Ela chorava e dizia que não conseguia falar em classe, embora em todas as outras escolas tivesse sido uma excelente aluna. Perguntei-lhe por que ou como imaginava que se sufocava. Ela disse que cada vez que se levantava para falar começava a apavorar-se mais e mais, a ponto de não conseguir dizer nada e nem mesmo ficar de pé. Apresentava diversos sinais de ansiedade antecipatória. Sugeri-lhe um psicodrama em que ela seria quem fala e eu o auditório. Por três dias empreguei técnicas de modificação do comportamento, com reforço positivo, cada vez que encenávamos o psicodrama. Ela começou a pensar que depois que conseguisse falar em classe pela primeira vez, obteria autorização para sair do campus, coisa que muito desejava. No dia seguinte, não tendo conseguido falar em classe, veio soluçando ao meu consultório. Como as técnicas de modificação do comportamento haviam falhado, empreguei a intenção paradoxal. Insisti com Vicki que no dia seguinte mostrasse a toda a classe o quanto estava apavorada. Deveria gritar, chorar, tremer e transpirar o mais que pudesse. Durante a exposição ela tentou demonstrar como estava cheia de medo, mas não conseguiu. Pelo contrário, fez um discurso que recebeu classificação A do professor.*

Também Bárbara W. Martin, uma orientadora de escola superior, "usou primeiramente técnicas de modificação comportamental e depois chegou à conclusão de que as técnicas logoterapêuticas tinham sucesso muito melhor e ajudavam mais no trabalho com alunos de escola superior". Milton E. Burglass do Departamento de Reabilitação da Orleans Parish Prison criou um programa experimental de 72 horas de aconselhamento terapêutico. Foram formados quatro grupos de 16 elementos cada. Um grupo foi selecionado como grupo de controle e não recebeu terapia alguma; um grupo foi entregue a um psiquiatra habilitado em análise freudiana; outro foi encaminhado para um psicólogo de orientação behaviorista ou de terapia da aprendizagem; e o último foi confiado a um terapeuta treinado em logoterapia. "As entrevistas posteriores às terapias revelaram uma insatisfação geral quanto à terapia freudiana, uma atitude de desinteresse pela terapia behaviorista, e um sentimento muito positivo com relação à logoterapia e seus efeitos benéficos."

O que é verdadeiro para as práticas behaviorísticas vale também para as orientações psicodinâmicas. Diversos psicanalistas não apenas empregam a intenção paradoxal como procuram explicar seu sucesso em termos freudianos (Gerz, 1966; Havens, 1968; Weisskopf-Joelson 1955). Mais recentemente, Harrington, em texto não publicado, expressou a convicção que "a intenção paradoxal é uma tentativa de iniciar conscientemente a defesa automática, estabelecendo a atitude contrafóbica descrita por Fenichel. No modelo psicanalítico, a intenção paradoxal pode ser vista como eliminadora dos sintomas pela utilização de defesas que requerem menor emprego de energia psíquica que o próprio sintoma fóbico ou obsessivo-compulsivo. Cada vez que a intenção paradoxal é aplicada com sucesso os impulsos do *id* são gratificados, o superego se faz aliado do ego, e o ego adquire força e começa a ser menos limitado. Isso resulta em decréscimo de ansiedade e diminuição da formação de sintomas".

A intenção paradoxal é usada não apenas por psicanalistas e terapeutas comportamentais, mas também por psiquiatras que a combinam com tratamento por sugestão. Um exemplo disso foi comunicado por Briggs (1970) em uma reunião da Royal Society of Medicine:

> *Fui solicitado a atender um jovem de Liverpool, um gago. Ele queria ser professor, mas a gagueira e o magistério não caminham juntos. Seu maior medo e ansiedade era a situação embaraçosa criada pela gagueira que o levava a verdadeiras agonias mentais cada vez que devia falar qualquer coisa. Ele costumava ter o cuidado de ensaiar mentalmente cada coisa que iria dizer, e só então tentar pronunciá--la. Mas, mesmo assim, ficava cheio de confusão. Parecia lógico que se aquele jovem conseguisse realizar alguma coisa com a qual antes*

> se apavorava, isso iria ajudá-lo. Lembrei-me que pouco tempo antes havia lido um artigo de Viktor Frankl, que escreveu sobre uma reação de paradoxo. Então dei as seguintes sugestões: "Saia por aí esse fim de semana e mostre para todo o mundo como você é um gago e tanto. E verá como vai fracassar, do mesmo modo como fracassou no passado quando tentava falar corretamente". Ele voltou na semana seguinte e estava evidentemente feliz porque sua maneira de falar havia melhorado muito. Ele disse: "Aconteceu o que o senhor pensava! Eu fui ao bar com alguns amigos e um deles me disse: "Eu achava que tu eras gago", e eu respondi: "Eu era". Assim mesmo!". Foi um sucesso, mas não reivindico nenhum crédito nesse caso; se alguém, além do paciente, tem méritos, esse alguém é Viktor Frankl.

Briggs combinou deliberadamente intenção paradoxal como sugestão. Mas a sugestão não deve ser jamais completamente eliminada da terapia. Seria porém um erro considerar o sucesso terapêutico da intenção paradoxal como um simples efeito de sugestão. O relato seguinte, ainda um caso de gagueira, pode lançar alguma luz a esse tema. Foi escrito por um estudante da *Duquesne University*:

> Por dezessete anos eu fui muito gago. Em algumas ocasiões não conseguia nem falar. Procurei diversos terapeutas da fala, mas sem sucesso. Um de meus mestres indicou seu livro *Man's Search for Meaning* para ser lido para o curso. Então li o livro e decidi aplicar a intenção paradoxal a mim mesmo. Já no primeiro momento funcionou fabulosamente — não gaguejei mais. Comecei em seguida a procurar outras ocasiões em que costumava gaguejar e apliquei a intenção paradoxal e consegui aliviar a gaguez naquelas situações. Houve mais tarde duas oportunidades em que não usei a intenção paradoxal e a gagueira retornou. É a prova definitiva de que o alívio de meu problema foi devido ao uso efetivo da intenção paradoxal.

O uso pode ser eficaz em casos nos quais estiver envolvida a sugestão negativa, isto é, quando o paciente não pode crer na eficácia do tratamento. Vejamos, por exemplo, o relato seguinte do Dr. Abraham Pynummootil, um assistente social:

> Um jovem veio até mim com um caso severo, um tique que o levava a piscar nervosamente. Ele piscava de maneira agitada sempre que devia falar com alguém. As pessoas começaram a perguntar-lhe o porquê daquilo e ele irritava-se com a coisa. Orientei-o a consultar um psicanalista. Depois de várias entrevistas, ele voltou, dizendo que o psicanalista não tinha sido capaz de encontrar a razão de seu problema e por isso não podia ajudá-lo na resolução do mesmo. Aconselhei-o: "Da próxima vez que estiver falando com alguém pisque os olhos o mais rápido que puder, com a maior velocidade, para mostrar deliberadamente que você é capaz de piscar". Respondeu-me que eu era louco de sugerir-lhe isso, pois de tal modo iria alimentar o hábito de piscar em vez de deixá-lo. Saiu depressa de meu consultório. Por algumas semanas não o vi mais nem ouvi falar dele. Mas um dia ele veio de novo. Estava cheio de alegria e me contou o que acontecera. De início não aceitou minha sugestão, nem pensou mais nela por vários dias. Enquanto isso o problema agravou-se e ele estava a ponto de enlouquecer. Uma noite, ao ir para a cama, recordou-se de minha sugestão e disse para si mesmo: "Eu tentei tudo o que me foi possível para resolver esse problema e não consegui. Por que não tento a única coisa que o assistente social sugeriu?". Aconteceu que no dia seguinte a primeira pessoa com quem se encontrou era um amigo íntimo. Comunicou-lhe que iria piscar o máximo que pudesse enquanto conversavam. Mas, para sua surpresa, não conseguiu piscar de maneira alguma durante a conversa. Daí por diante tudo normalizou-se e ele perdeu o hábito de piscar. Depois de algumas semanas nem lembrava-se mais...

Benedikt (1968) aplicou baterias de testes em pacientes para os quais a intenção paradoxal fora eficaz, a fim de medir sua suscetibilidade à sugestão. Ficou evidente que eram menos suscetíveis que a média. Além disso, muitos pacientes começaram a usar a intenção paradoxal com uma forte convicção de que não daria resultado, mas, apesar disso, alcançaram sucesso. Como exemplo tomemos a narrativa seguinte, de um outro de meus correspondentes:

> Dois dias depois da leitura de Man's Search for Meaning, surgiu a oportunidade de testar a logoterapia. Durante o primeiro encontro de um seminário sobre Martin Buber, eu tomei a palavra dizendo o

que pensava, diametralmente em oposição aos pontos de vista que acabavam de ser emitidos. Enquanto expressava minhas opiniões comecei a transpirar enormemente. Quando me dei conta do suor excessivo, passei a ficar ansioso porque os outros estariam percebendo como eu transpirava, e isso me fazia transpirar mais ainda. De repente recordei-me de um estudo, de caso de um médico que o consultou, Dr. Frankl, em razão de seu medo de transpirar, e pensei comigo: "Estou em situação igual". Sendo um cético quanto a métodos terapêuticos, e especialmente à logoterapia, naquela situação percebi que ela era ideal para avaliar e testar a logoterapia. Lembrei-me de seu conselho ao médico e resolvi mostrar aos participantes o quanto eu seria capaz de transpirar. Enquanto continuava a expressar minhas intuições a respeito do tema, em meu íntimo eu cantarolava para mim mesmo: "Mais! Mais! Mais! Mostre a essa gente como você é capaz de suar, mostre para eles!". Dois ou três segundos depois de ter iniciado a aplicação da intenção paradoxal, pus-me a rir interiormente e pude perceber que o suor começava a secar em minhas costas. Eu estava admirado e surpreso com o resultado, porque não acreditava que a logoterapia pudesse funcionar. Funcionava e tão depressa! De novo em meu íntimo eu falei: "Bah! esse Dr. Frankl tem mesmo razão! Apesar de meu ceticismo, a logoterapia funcionou!".

Nota: L.M. Ascher destacou que "a intenção paradoxal foi eficiente mesmo quando as expectativas dos pacientes eram de descrença no funcionamento da técnica".

A intenção paradoxal pode ser usada com sucesso também com crianças (Lehembre, 1964), mesmo em sala de aula. Devo um exemplo sobre isso a Pauline Furness, uma assistente social e professora de escola elementar (elementar compreende o ensino fundamental no Brasil):

Libby (11 anos) fixava os olhos insistentemente em algumas outras crianças. Essas crianças reclamaram de Libby, ameaçaram-na, mas foi inútil. A jovem H., professora de Libby, insistiu com ela que devia parar de olhar para as outras crianças. A professora empregou técnicas de modificação do comportamento, castigos e aconselhamento pessoal. A situação piorou. A professora precisava de ajuda e formulamos juntas um plano de ação. No dia seguinte, antes das aulas, chamou Libby para a sala e falou: "Libby, hoje quero que você olhe para Ann, Richard e Lois. Primeiro para ela e depois para cada um dos meninos durante cinco minutos cada um, durante o dia todo. Se você se esquecer, eu vou lembrá-la. Não vai prestar atenção na aula, nem fazer os exercícios; só olhar para eles. Não vai ser divertido?". Libby fixou a professora H. com estranheza: "M... m... mas. professora, isso parece brincadeira". "Não, Libby, eu estou falando sério", respondeu a professora. "Mas isso é tão esquisito", disse a menina sorrindo. Então a professora H. começou a rir: "Parece engraçado, não? Não quer tentar?". Libby ficou corada. Aí a professora H. explicou que às vezes, se nós nos forçamos a fazer uma coisa que não conseguimos deixar de fazer, isso quebra o costume. A classe entrou e, quando todos assentaram-se, a professora fez à Libby o sinal secreto para começar. A menina olhou para a professora por um momento, levantou-se, foi até ela e implorou: "Não consigo fazer isso!". "Tudo bem" — disse a professora — "vamos tentar mais tarde". Pelo fim do dia a professora e a aluna estavam felizes porque a menina não conseguia fixar os olhos nos colegas. Por oito dias professora H. começava cada dia com a pergunta em particular para a aluna: "Libby, você quer tentar olhar para eles hoje?". A resposta era sempre: "Não!". Libby nunca mais voltou ao padrão de comportamento de fixar os olhos em alguém. Sentia-se orgulhosa de sua conquista e depois de algum tempo perguntou à mestra se ela havia percebido que aquilo tinha acabado. A professora disse que sim e deu os parabéns à menina. Em nossa entrevista final sobre Libby, a professora H. relatou-me que a menina havia crescido em prestígio na classe e em autoimagem. Gosto de trabalhar com a intenção paradoxal porque ela sugere qualquer coisa como: "Não leve as coisas tão a sério! Livre-se de seus problemas brincando. Se conseguimos deixá-los de lado, dar-lhes uma olhadela e sorrir para eles, eles vão-se embora!". Sempre falo isso para as crianças e elas captam o espírito da coisa.

E podemos dizer, ela captou o espírito de nossa técnica, que repousa sobre a capacidade humana de autodistanciamento.

Esses casos não querem dizer que a intenção paradoxal seja

eficaz em todos os casos, ou que seu resultado seja fácil de alcançar. Nenhuma das duas, nem a intenção paradoxal em particular, nem a logoterapia em geral é uma panaceia — simplesmente não existem panaceias no campo da psicoterapia. A intenção paradoxal pode, entretanto, ser eficaz em casos severos e crônicos, tanto na idade avançada como na infância. Nesse sentido amplo material tem sido publicado por Kocourek, Niebauer e Polak (1959), Gerz (1962, 1966), e Victor e Krug (1967). Um dos casos publicados por Niebauer é o de uma mulher de sessenta e cinco anos que sofria já por dezesseis anos a compulsão de lavar as mãos. Gerz tratou uma mulher que tinha uma neurose fóbica de vinte e quatro anos. O caso tratado por Victor e Krug era uma situação de piscar compulsivamente que se arrastava por vinte anos. Em cada um desses casos foi possível obter sucesso. Sem dúvida, em tais casos o sucesso é possível somente às custas de um total envolvimento pessoal por parte do terapeuta. Isso é demonstrado detalhadamente pelo relato sobre um advogado obsessivo-compulsivo tratado por Kocourek, que foi publicado por Friedrich M. Benedikt e que fez parte de sua dissertação na Escola de Medicina da Universidade de Munique.[61]

> O caso diz respeito a um advogado de 41 anos, que se aposentou cedo por causa de sua neurose obsessivo-compulsiva. Seu pai havia sofrido uma bacteriofobia, o que poderia indicar uma origem hereditária para sua doença.[62] Desde criança o paciente usava os cotovelos para abrir as portas com medo de uma possível contaminação (as portas europeias têm maçanetas que devem ser empurradas para baixo e não giradas como as americanas). Ele era muito preocupado com a limpeza e evitava o contato com outras crianças, porque poderiam ser portadoras de doenças. Desde a escola primária até a faculdade permaneceu sempre isolado. Era tímido e os colegas caçoavam

---

61 Devo ao Dr. Joseph B. Fabry, diretor do Instituto de Logoterapia de Berkeley, a tradução deste relato do alemão para o inglês.
62 Subscrevo a convicção de Hays de que a predisposição genética é quase uma condição *sine qua non*, ao menos com relação aos casos mais graves.

dele por ser tão retraído. O paciente recorda um dos primeiros sintomas da doença. Em 1938, voltando para casa uma noite, encontrou um cartão postal que foi constrangido a ler seis vezes. "Se não tivesse lido, não teria paz." À noite era impelido a ler livros até que "tudo estivesse em ordem". Evitava bananas porque vinham de regiões primitivas e por isso ele as associava a bactérias, especialmente às da lepra. Em 1939 começou a sofrer de uma "mania de Sexta-feira-Santa" um medo de distraidamente comer carne ou de violar algum outro preceito religioso não conhecido. Na faculdade, enquanto estudavam a Crítica da Razão Pura de Kant, sentiu-se levado a pensar que os objetos deste mundo não são reais. "Tal opinião foi para mim o golpe decisivo, tudo o mais tinha sido mais que um prelúdio." Isso começou a ser o tema central de sua doença. O paciente passou a preocupar-se em fazer tudo "cem por cento" corretamente.[63] Estava o tempo todo reexaminando a consciência, dentro de um ritualismo estrito. "Eu criei um formalismo que ainda hoje devo observar", diz ele. Obrigava-se a fazer um longo desvio ao redor de cada cruz, com receio de tocar em algo sagrado. Começou a repetir certas frases, tais como "Não fiz nada de errado", para escapar da punição. Durante a guerra, seus sintomas diminuíram um pouco. Seus camaradas caçoavam porque não queria ir aos bordéis com eles. Ele permaneceu muito ingênuo sexualmente e não sabia que o relacionamento sexual requeria uma ereção. Uma garota disse-lhe que havia qualquer coisa de errado com ele porque não tinha agressividade masculina. Um tratamento psicanalítico e hipnose obtiveram resultado, pois conseguiu ter uma ereção. Mas aqueles tratamentos não conseguiram fazer desaparecer os sintomas obsessivo-compulsivos. Casou-se em 1949. Uma perturbação inicial da potência desapareceu com um novo tratamento. Nessa época ele concluiu os estudos e graduou-se na universidade. Trabalhou na Polícia e mais tarde no Ministério das Finanças, mas perdeu o emprego porque era muito lento e pouco produtivo. Recorreu novamente ao médico, mas, sem resultado. Encontrou trabalho numa ferrovia. Nesse período, não permitia que a filha lhe ficasse perto porque tinha receio de abusar sexualmente dela. Seus sintomas aumentaram até 1953. Em 1956 leu a respeito de uma

---

63 Quanto ao "cem por cento" como característica constitutiva da estrutura do caráter obsessivo-compulsivo, veja Frankl (1955).

enfermeira esquizofrênica que havia arrancado os próprios olhos. Começou a ter medo de ele próprio chegar a fazer o mesmo consigo ou com crianças pequenas. "Quanto mais eu afastava o pensamento, pior ele tornava-se." Os números passaram a ter significado. À noite sentia-se obrigado a colocar três laranjas na mesa, ou não conseguia descansar. Mudou de novo de emprego. Em 1960 tratou-se com um psicólogo, mas não obteve sucesso. Em 1961 procurou homeopatia e acupuntura, ambas falharam. Em 1962 foi internado num hospital psiquiátrico, onde lhe aplicaram 45 choques de insulina, depois de um diagnóstico de esquizofrenia. À noite, antes de ter alta, sofreu um colapso e foi tomado pela ideia de que tudo fosse irreal. "A partir daquela noite", relatou o cliente, "esse tema central de minha doença apossou-se de mim, e eu tive uma perturbação profunda". Seguiram-se tratamentos intensos. No espaço de um ano mudou de emprego vinte vezes, incluindo o trabalho como guia turístico, bilheteiro e ajudante de tipógrafo. Em 1963 passou por laborterapia, que considerou bem-sucedido em parte. Mas, desde 1964, seus sintomas obsessivo-compulsivos começaram a fazer-se mais fortes e ele ficou inapto para o trabalho. Seu pensamento mais frequente durante esse tempo foi: "Devo ter arrancado fora o olho de alguém. Era preciso fazer um desvio bem grande, quando eu passava por alguém na rua, para assegurar-me que isso não aconteceria". Sua doença começou a ser insuportável para a família. Foi admitido na policlínica com o diagnóstico de "severa neurose obsessivo-compulsiva". Os exames revelaram ausência de distúrbios orgânicos. Foram empregados tratamentos com drogas para acalmar o paciente. No primeiro dia do tratamento terapêutico: o paciente está agitado, tenso, olhando continuamente para a porta a fim de verificar se não arrancou os olhos de alguém. Faz um amplo rodeio ao redor de cada criança no corredor por onde elas passam a caminho da clínica de otorrinolaringologia. Caminha sempre com ridículos movimentos cerimoniosos para assegurar-se de não ter abalroado ninguém. Olha atentamente para as mãos com receio de ter arrancado os olhos de alguém, procurando verificar se elas não estão molhadas com humor vítreo. No segundo dia: tem início uma longa e ampla discussão geral, que durará todo o período de tratamento. Dr. Kocourek concentra seus esforços nos sentimentos de culpa do paciente, suas relações com a mãe, com a esposa e filha, *suas mudanças contínuas de trabalho, sua obsessão de irrealidade das coisas e assim por diante. Quando o paciente expressou o temor de terminar numa instituição ou de ser impelido a atacar uma criança e consequentemente ser considerado "insano", Dr. Kocourek explicou--lhe a diferença entre um ato compulsivo e um pensamento obsessivo. Esclareceu ao paciente que, exatamente por causa de sua doença, ele era incapaz de atacar alguém. Sua doença, uma neurose obsessivo--compulsiva era a garantia de que ele não iria cometer atos criminosos: seu temor de arrancar os olhos de alguém era a razão pela qual ele era incapaz de agir de acordo com o pensamento obsessivo. No quarto dia: o paciente parece mais quieto e relaxado. No quinto dia: o paciente diz que não está seguro de ter entendido tudo corretamente. A cada momento torna a pedir garantia de que as explicações de Dr. Kocourek eram válidas "em qualquer lugar do mundo e sempre". Do sexto ao décimo dia: continuaram as conversações com o paciente. Ele faz muitas perguntas e quer respostas detalhadas. Aparenta estar menos ansioso que nos dias anteriores. Décimo primeiro dia: é explicada ao paciente a essência da intenção paradoxal: ele não deve reprimir seus pensamentos, mas, ao contrário, deixar que surjam em seu íntimo. Eles não se transformarão nos atos que tanto receia. Deve procurar enfrentar seus pensamentos com ironia, ou tratá-los com humor — assim não deve mais temer seus pensamentos obsessivos, e se não combatê-los eles acabarão por desaparecer. Seja o que for de que tenha medo, deve procurar planejar executá-lo — como neurótico obsessivo-compulsivo ele pode permitir--se agir assim. Dr. Kocourek assume pessoalmente a responsabilidade por qualquer coisa que o paciente imagine fazer. No décimo quinto dia: Começam os exercícios práticos. Acompanhado pelo Dr. Kocourek. Herr H. caminha pelo hospital, praticando a intenção paradoxal. Primeiro é orientado para dizer certas frases como: "Tudo bem, vamos arrancar os olhos! Primeiro vou arrancar os olhos dos pacientes da enfermaria, depois os do doutor, por fim os das enfermeiras também. E se não for suficiente arrancar os olhos uma vez, vou fazer isso cinco vezes para cada olho. Quando eu tiver acabado o serviço por aqui, não haverá ninguém mais além de uma multidão de cegos. Haverá humor vítreo por toda a parte. Encontraremos faxineiras por aqui? Elas terão muito o que limpar!". Ou este outro conjunto de frases:*

"Ah, aí está uma enfermeira, é uma boa vítima para arrancar-lhe os olhos. E no térreo há muitos visitantes. Eles são demais para mim! Será a oportunidade para um arrancamento de olhos em massa! E alguns deles são gente importante, o que faz valer apena o trabalho com eles... E quando eu tiver acabado com eles, não restará mais que gente cega e humor vítreo...". Essas frases são ditas variadamente e empregadas para cada um de seus pensamentos obsessivos. Nesses exercícios era necessário que o Dr. Kocourek estivesse pessoalmente envolvido com o paciente porque no começo este mostrou grande resistência em empregar a intenção paradoxal. Ele estava receoso de ser vítima de um pensamento obsessivo, e, além disso, não conseguiria acreditar realmente no método. Somente depois que o Dr. Kocourek mostrou-lhe o que devia fazer o paciente resolveu cooperar. Ele repetia as frases sugeridas e usava "aquele jeito engraçado de caminhar" pelo hospital, com o qual, conforme admitiu mais tarde, divertiu-se bastante. Depois desses exercícios preliminares, ele foi reconduzido a seu quarto e orientado a continuar praticando a intenção paradoxal. Na tarde desse dia o primeiro sorriso apareceu em seus lábios, e ele afirmou: "Pela primeira vez eu vejo que meus pensamentos são realmente malucos!". No vigésimo dia o paciente verifica que está agora apto para aplicar o método sem perturbações. E instruído a praticar a intenção paradoxal, de agora em diante, não apenas quando alguém cujos olhos pensa arrancar, mas antecipar-se aos pensamentos obsessivos, pensando-os antes da hora. Nos dias seguintes ele pratica a intenção paradoxal só e com ajuda do Dr. Kocourek. A área na qual ele pratica estende-se às crianças da clínica de otorrino. O paciente é encorajado a ir a essa clínica com alguma desculpa e a pensar paradoxalmente: "Está certo, agora eu vou e cegarei algumas crianças, é uma excelente oportunidade para preencher minha cota diária. O humor vítreo vai ficar em minhas mãos, mas não farei mal algum, especialmente com meu pensamento obsessivo. Ele me dará oportunidade de praticar a intenção paradoxal e assim estarei preparado quando estiver de volta para casa". Vigésimo quinto dia: O paciente informa que já não tem pensamentos obsessivos no hospital, nem com relação a adultos nem com crianças. Algumas vezes se esquece da intenção paradoxal. Quando surge um pensamento obsessivo já não se assusta. Seus pensamentos sobre a irrealidade das coisas também foram atacados com intenção paradoxal. Ele repete afirmações: "Tudo bem, eu vivo num mundo irreal. Esta mesa não é real, os médicos também não estão realmente aqui, mas, seja como for, este mundo não é um mau lugar para se viver. E meu pensamento sobre tudo isso prova que eu estou aqui realmente. Se eu não fosse real, não poderia pensar". No vigésimo oitavo dia: pela primeira vez é permitido ao paciente sair do hospital. Sente-se inseguro e não acredita que fora consiga usar as frases. É orientado para formular esta frase: "Então agora vou sair e fazer estragos nas ruas. Só para variar, vou arrancar olhos por aí. Vou pegar todo o mundo, ninguém me escapará". Ele deixou o hospital com grande apreensão. Ao retornar, conta com alegria que tudo correu bem. Apesar de seu receio, conseguiu usar as frases como havia aprendido. Diferentemente de duas experiências no hospital, nas ruas teve pensamentos obsessivos, mas eles não o assustaram. Durante uma hora de caminhada somente duas vezes teve de fazer desvios. Nessas ocasiões lembrou-se tarde demais de usar a intenção paradoxal. "Dificilmente tenho pensamentos obsessivos, mas, se os tenho, eles não me perturbam", disse ele no trigésimo segundo dia. No trigésimo quinto dia o paciente volta para casa e continua o tratamento com visitas ao hospital. Ele participa de grupos terapêuticos. Suas condições ao sair do hospital: no hospital não tem mais pensamentos obsessivos, tem alguns durante suas caminhadas pelas ruas, mas aprendeu a formular suas frases para enfrentá-los. Eles não são mais um impedimento em sua vida cotidiana. O paciente imediatamente encontra um emprego. Durante as duas primeiras semanas Herr H. vai cada dia ao Dr. Kocourek para relatar seu trabalho e receber orientações de como cuidar-se por si mesmo. Em seguida as consultas são reduzidas a três por semana e depois de 4 meses a uma por semana. Participa do grupo terapêutico de modo irregular. O paciente está bem ajustado em seu trabalho. Seu patrão está satisfeito com seu desempenho. Estava habilitado a praticar a intenção paradoxal todos os dias. Durante as horas de trabalho raramente apareceu algum pensamento obsessivo, eles só manifestaram-se quando ele estava muito cansado. Durante o quinto mês de tratamento, pouco antes da Páscoa, ele desenvolveu ansiedade relacionada com a Sexta-feira Santa. Tinha receio de naquele dia comer carne sem perceber. Discutiu a questão com o Dr. Kocourek e concordaram com a seguinte frase: "Vou tomar uma bela sopa, onde haverá carne. Não consigo enxergar carne, mas como um neurótico obsessivo, estou seguro de que ela está na sopa. Para mim, tomar essa sopa não é pecado e sim terapia para curar-me". Na semana seguinte ele relata que não teve perturbações na Semana Santa. Nem mesmo precisou da intenção paradoxal. No sexto mês teve uma recaída. Retornaram os pensamentos obsessivos e a intenção paradoxal é praticada novamente. Duas semanas depois o paciente readquiriu o autocontrole e está livre dos pensamentos obsessivos. Ele tem ocasionalmente recaídas, as quais, entretanto, são eliminadas em poucas sessões terapêuticas. O paciente foi orientado a procurar imediatamente o Dr. Kocourek, logo que seus medos piorarem. No sétimo mês o paciente proclama que seus pensamentos obsessivos desapareceram como um sopro de ar e que só manifestam-se quando ele está pressionado ou fisicamente exausto. Um fim de semana ele retoma um emprego de guia turístico, uma atividade de que gosta muito. Depois da viagem — a primeira saída de Viena nos últimos anos — ele relata que foi um grande sucesso. "Posso agora dominar qualquer situação, meus pensamentos não mais me perturbam", declara ele. No final do sétimo mês vai de férias com a família e pode passá-la sem qualquer transtorno. Depois disso, por três meses não procura o Dr. Kocourek. Como disse mais tarde, está bem e não precisa de terapeuta. Também não precisou usar a intenção paradoxal durante esse tempo. Por três meses permaneceu livre de pensamentos obsessivos, "isso nunca havia acontecido antes", declara ele. Ainda que às vezes apareçam pensamentos obsessivos, já não se vê obrigado a agir em função deles. Aprendeu também a reagir com calma quando eles ocorrem. Já não interferem em sua vida cotidiana. O sucesso do tratamento pode ser visto pelo fato de Herr H., depois de ter saído do hospital, ter trabalhado 14 meses integralmente, sem ter sido necessário mudar de emprego.

Os resultados alcançados pela intenção paradoxal nas neuroses obsessivo-compulsivas devem ser avaliados, tendo-se em vista o fato de "o prognóstico ser pior que o de qualquer outra desordem neurótica" (Solyon e outros, 1972): "Um resumo recente de 12 acompanhamentos de neuroses obsessivas em sete países diferentes mostra uma porcentagem de 50% de fracassos (Yates, 1970). Estudos de terapia comportamental de neuroses obsessivas relatam que apenas 46% de casos publicados foram classificados como êxito" (Solyon e outros, 1972).

Finalmente, já faz tempo que foi observado que a intenção paradoxal é útil no tratamento da insônia. Como exemplo, citaria um caso em que Sadiq usou a técnica com uma mulher de 54 anos, a qual estava habituada a tomar soníferos. Uma noite, por volta das 10 horas, ela saiu de seu quarto e aconteceu o diálogo seguinte:

Paciente: Posso tomar a pílula para dormir?
Terapeuta: Peço desculpas, mas não posso dar-lhe a pílula esta noite, pois estão em falta e nós nos esquecemos de providenciar a reposição.
Paciente: Oh! Como poderei dormir sem elas?
Terapeuta: Bem, creio que a senhora deverá tentar dormir sem as pílulas. (Ela voltou para o quarto, permaneceu deitada por duas horas e depois retornou).
Paciente: Não consigo dormir.
Terapeuta: Então por que não volta para seu quarto, deita-se e experimenta não dormir? Vamos ver se consegue ficar acordada a noite toda.
Paciente: Eu pensava que eu é que era doida, mas estou vendo que o maluco é o senhor.
Terapeuta: É divertido ser maluco de vez em quando, não acha?
Paciente: O senhor quis realmente dizer aquilo?
Terapeuta: Aquilo o quê?
Paciente: Que devo tentar não dormir.
Terapeuta: É claro, quis dizer exatamente isso. Experimente. Vamos ver se consegue permanecer acordada a noite toda. Vou ajudá-la, chamando-a cada vez que passar fazendo a ronda. O que acha?
Paciente: Tudo bem.

"De manhã", conclui o Dr. Sadiq, "quando fui chamá-la para o café da manhã, ela estava dormindo profundamente". Isso me faz lembrar o fato seguinte, narrado pelo Dr. Haley (1963): "Durante uma aula sobre hipnotismo um jovem falou a Milton N. Erikson: 'O senhor pode ser capaz de hipnotizar outras pessoas, mas não é capaz de hipnotizar-me!'". Dr. Erikson convidou o sujeito a vir para a plataforma de demonstração, pediu para que se assentasse e então disse-lhe: "Quero que você permaneça acordado, mais e mais acordado, mais e mais acordado...". O sujeito logo entrou em transe profundo.

Embora a insônia seja superada pela intenção paradoxal, o insone pode hesitar em aplicá-la, se ignorar o fato já bem estabelecido que o corpo providencia por si mesmo o mínimo de sono de que necessitar. Assim, o indivíduo não precisa preocupar-se e pode começar a usar a intenção paradoxal, ou seja, tentando, só para variar, passar a noite acordado.

Medlicott (1969) usou a intenção paradoxal para influenciar não apenas o sono, mas também os sonhos do paciente. Aplicou a técnica especialmente em casos fóbicos e achou-a extremamente útil mesmo para um psiquiatra de linha analítica, conforme relata. O que é mais notável porém é "a tentativa de aplicação do princípio em pesadelos, de acordo com linhas aparentemente usadas por uma tribo africana e relatada, faz já alguns anos, em *Transcultural Psychiatry*. A paciente obteve excelente progresso no hospital, onde fora internada por causa de um estado neurótico depressivo. Tendo sido encorajada a usar a intenção paradoxal, consciente, conseguiu melhorar e pôde voltar para casa, reassumir todas as responsabilidades e enfrentar suas ansiedades. Algum tempo depois, retornou, queixando-se que seu sono era perturbado por pesadelos nos quais era perseguida por indivíduos que procuravam dar-lhe tiros ou esfaqueá-la. O marido era perturbado por seus gritos e era obrigado a despertá-la. Ela foi instruída a tentar ter de novo aqueles pesadelos e neles procurar ser atirada ou esfaqueada, e o marido foi orientado para não acordá-la, mesmo que ela gritasse. Quando tornei a vê-la, contou que não tivera mais pesadelos e até o marido havia se queixado de que tinha sido acordado pelos seus risos durante o sono".

Há algumas situações nas quais a intenção paradoxal tem sido testada mesmo em situações psicóticas como as alucinações auditivas. A seguinte é ainda uma citação do texto de Sadiq:

Frederico era um paciente de 24 anos com esquizofrenia. A sintomatologia predominante era composta de alucinações auditivas. Ele ouvia vozes que o ridicularizavam e sentia-se ameaçado por elas. Estava internado há 10 dias no hospital, quando falei com ele. Fred saiu do quarto pelas duas horas da madrugada queixando-se que não podia dormir porque as vozes não deixavam.

Paciente: Não consigo dormir. O senhor poderia dar-me uma pílula?
Terapeuta: Por que não consegue dormir? Há alguma coisa o importunando?
Paciente: Sim, escuto essas vozes zombando de mim e não consigo livrar-me delas.
Terapeuta: Bem, você já falou delas a seu médico?
Paciente: Ele me disse para não dar atenção a elas. Mas não consigo.
Terapeuta: E você tentou mesmo não ligar para elas?
Paciente: Venho tentando todos esses dias, mas acho que não funciona.
Terapeuta: Você gostaria de experimentar algo diferente?
Paciente: O que o senhor está dizendo?
Terapeuta: Vá, deite-se e procure prestar o máximo de atenção que puder a essas vozes. Não deixe que elas parem. Procure escutar sempre mais.
Paciente: O senhor está brincando...
Terapeuta: Não estou, não. Por que não procura você ridicularizar essas malditas vozes?
Paciente: Mas, doutor...
Terapeuta: Por que não experimenta?
Assim ele decidiu experimentar, fui vê-lo 45 minutos depois, e ele estava dormindo. De manhã, perguntei-lhe se havia conseguido dormir à noite. "Sim, doutor, dormi muito bem", foi a resposta. Perguntei-lhe se ouvira vozes por muito tempo, e ele disse: "Não sei, acho que peguei logo no sono".

Este caso lembra em certo sentido aquilo que Huber (1968), tendo visitado o hospital psiquiátrico Zen, descreveu em termos de "ênfase no viver com o sofrimento em vez de queixar-se dele, analisá-lo ou procurar evitá-lo". Nesse sentido, ele menciona o caso de uma monja budista, que chegara a um distúrbio agudo:

> *O maior sintoma era o terror diante das cobras que sentia rastejando pelo seu corpo. Médicos e depois psicólogos e psiquiatras tinham atendido seu caso, mas não conseguiram fazer nada por ela. Por fim um psiquiatra Zen foi vê-la. Ficou apenas 5 minutos em seu quarto. "Qual é o problema?", perguntou ele. "As serpentes arrastam-se pelo meu corpo e me aterrorizam." O psiquiatra pensou um momento e depois falou: "Agora preciso ir-me embora, mas voltarei a vê-la daqui uma semana. Enquanto isso, peço-lhe que observe bem as serpentes, o melhor que puder, para, quando eu voltar, descrever-me detalhadamente seus movimentos".[7] Dias depois ele retornou e encontrou a monja entretida com as tarefas que assumira antes da doença. Saudou-a e perguntou: "A senhora conseguiu seguir minhas instruções?". "De fato", respondeu a monja. "Concentrei toda a atenção nas serpentes, mas infelizmente não as vi mais, pois quando eu procurei observá-las elas haviam ido embora".*

Se o princípio da intenção paradoxal tem algum valor, seria estranho e improvável que não tenha sido descoberto há muito tempo e tantas outras vezes redescoberto. A logoterapia teria apenas o papel de fazê-lo dentro de uma metodologia científica aceitável. Quanto à metodologia, porém, deveria ser assinalado que, entre os autores que aplicaram a intenção paradoxal com tanto sucesso e depois publicaram suas experiências com a técnica, muitos nunca passaram por treinamento algum em logoterapia nem jamais observaram um logoterapeuta em ação, mesmo em demonstrações de sala de aula. Aprenderam apenas através da literatura a respeito. Que até leigos possam beneficiar-se com um livro sobre logoterapia autoaplicando-se a intenção paradoxal, pode ser percebido pelo exemplo seguinte, retirado de uma carta não solicitada por mim:

> *Por cinco meses estive procurando informações relativas à intenção paradoxal aqui em Chicago. Tive a primeira notícia de seu método através de seu livro* The Doctor and the Soul. *Daí por diante fiz muitas chamadas telefônicas para vários lugares. Publiquei durante uma*

semana um anúncio no Chicago Tribune (Gostaria de ter contato com pessoas que conheçam ou tenham sido tratadas de agorafobia pela intenção paradoxal), mas não obtive resposta alguma. Porém, por que desejo ainda obter dados sobre a intenção paradoxal? Porque durante todo esse tempo tenho usado a intenção paradoxal agorafobia durante 14 anos. Tive uma crise nervosa aos 24 anos, quando estava indo durante 3 anos a um psiquiatra freudiano por um outro problema. No terceiro ano entrei em crise. Não conseguia trabalhar, nem mesmo sair de casa. Minha irmã teve de cuidar de mim como pôde. Depois de 4 anos de tentativas de recuperar-me por mim mesma, internei-me num hospital do Estado — meu peso havia caído para 84 libras (38 quilos). Seis semanas depois deram-me alta, estava "melhor". Alguns meses mais tarde tive outra crise. Não podia mais sair de casa. Comecei então a frequentar um hipnotizador por dois anos. Não adiantou muito. Sentia pânico, tremores, desmaios. Eu temia entrar em pânico, vivia em pânico. Assustam-me principalmente os supermercados, os grandes espaços, as distâncias etc. Nada mudou nesses 14 anos. Algumas semanas atrás, comecei a ficar nervosa e com medo, quando seu método veio-me à mente. Falei para mim mesma: "Vou mostrar a todo o mundo na rua como posso sentir pânico e ter uma crise!". "Pareceu-me estar mais tranquila. Fui a um supermercado pequeno que fica perto de casa. Enquanto apanhava minhas compras comecei novamente a ficar nervosa e a entrar em pânico. Percebi que minhas mãos estavam suadas. Não querendo desmoronar diante do caixa, usei a intenção paradoxal, dizendo a mim mesma: 'Vou mostrar a este homem como posso suar! Ele vai admirar!' Só depois, quando já havia pago as compras e já estava de volta para casa, é que me dei conta que tinha parado de sentir-me nervosa e apavorada. Há duas semanas começou o carnaval em nosso bairro. Eu, sempre nervosa e com muito medo. Dessa vez, antes de sair de casa, pensei comigo: "Quero sentir pânico e desmaiar". Pela primeira vez entrei na brincadeira e fui para o meio da multidão. Sim, algumas vezes o medo tentou surgir e eu comecei a pensar que o pânico iria acontecer, mas cada vez usei a intenção paradoxal. Cada vez que me senti menos bem, usei o seu método. Fiquei ali 3 horas e me diverti como nunca em muitos anos. Senti-me orgulhosa pela primeira vez nesses anos todos. Daí por diante fiz muitas coisas que

antes não conseguia. Não, ainda não estou curada, nem consigo algumas coisas maiores que desejo. Mas, percebo que algo é diferente, quando saio. Há ocasiões que tenho a impressão de nunca ter estado doente. O uso da intenção paradoxal faz com que sinta-me mais forte. Pela primeira vez sinto que possuo alguma coisa com a qual posso combater contra o pânico. Não sinto-me desamparada como antes. Experimentei muitos métodos, mas nenhum me deu o apoio que obtive com o seu, mesmo que ainda não consiga fazer as coisas mais difíceis. Eu acredito em seu método, porque o experimentei em mim mesma apenas com o auxílio de um livro. Sinceramente...
PS.: Eu uso a intenção paradoxal nas noites de insônia e consigo dormir em pouco tempo. Alguns amigos meus também a usam com sucesso.

O paciente comunicou também "uma experiência" feita por ela:

Quando ia dormir eu me imaginava em situações que deixavam-me em pânico. Meu plano era praticar em casa a intenção paradoxal para que estivesse apta quando saísse. Bem, no passado (antes de usar a intenção paradoxal) eu procurava acalmar-me quando aconteciam as imaginações, mas acabava transtornada vendo-me naquela situação. Agora (quando começo a apavorar-me, então uso a intenção paradoxal) não amedronto-me, não sinto pânico. Penso que, porque me proponho apavorar-me, não o consigo.

Outro caso de autoadministração da intenção paradoxal é o seguinte:

Quinta-feira de manhã acordei perturbada, pensativa. "Não me sinto bem, o que vou fazer?". Bem, eu estava mais e mais deprimida à medida que o tempo passava. Via que iria começar a chorar. Estava desesperada. De súbito pensei em usar a intenção paradoxal naquela depressão. Disse para mim mesma: "Quero ver quão deprimida consigo ficar". Pensei comigo: "Vou ficar muito deprimida e vou começar a chorar, vou chorar para que todo o mundo veja e me escute". Comecei a imaginar que grossas lágrimas rolavam pelas minhas faces e que eu chorava tanto que inundava a casa toda. Com essa figura

> em minha mente comecei a rir. Imaginei minha irmã chegando e dizendo: "Ester, que diabo de coisa você está fazendo? Você precisava chorar tanto a ponto de inundar a casa?". Pois é, doutor Frankl, com a imaginação dessa cena eu comecei a rir, a rir tanto que passei a preocupar-me com tanto riso. Então falei para mim mesma: "Eu vou rir tanto e tão alto que todos os vizinhos virão correndo ver quem é que ri desse jeito". Isso fez baixar um pouco minha agitação. Foi quinta-feira de manhã, hoje é sábado e a depressão foi embora. Penso que usar a intenção paradoxal aquele dia foi como alguém olhar-me no espelho quando está chorando — por alguma razão isso faz parar. Não consigo chorar olhando-me no espelho.
> PS.: não escrevi esta carta para pedir auxílio, pois eu mesma me ajudei.

Só compreenderemos como as pessoas podem ajudar a si mesmas pelo uso da intenção paradoxal, se entendermos que essa técnica utiliza ou mobiliza um mecanismo de luta situado no íntimo de cada ser humano. Essa é a razão pela qual a intenção paradoxal é com frequência aplicada de maneira não consciente. Ruven A.K. contou o seguinte:

> Eu não via a hora de prestar o serviço militar no exército de Israel. Achava sentido na luta de meu país pela sobrevivência e por isso decidi que iria servir o melhor que pudesse. Alistei-me como voluntário no corpo de elite do exército, os paraquedistas. Estava exposto a situações nas quais minha vida corria perigo. Por exemplo, saltando do avião a primeira vez. Tive medo e tremia muito. O esforço para ocultar aquilo fazia-me tremer mais ainda. Então resolvi deixar que percebessem o meu medo e procurei tremer o máximo que fosse possível, mas logo a agitação e o tremor cessaram. Sem saber, eu estava usando a intenção paradoxal e surpreendentemente deu certo.

Em uma situação oposta o princípio fundamental da intenção paradoxal foi usado não apenas sem conhecimento, mas até contra a vontade. Este caso é referente a um cliente de meu ex-aluno *Uriel Meshoulam*, da *Harvard University*, que me relatou o que segue:

> O paciente tinha sido convocado para o exército da Austrália e estava seguro de que seria dispensado por causa de sua gagueira. Para encurtar a história, ele tentou três vezes mostrar ao médico sua dificuldade de elocução, mas não conseguiu. Por ironia, foi dispensado por pressão sanguínea alta. Provavelmente o exército australiano até hoje não saiba que o indivíduo era gago.[64]

Do mesmo modo que um indivíduo, também um grupo pode usar a intenção paradoxal inadvertidamente. Não apenas a psiquiatria Zen, mas também outras formas de psiquiatrias étnicas parecem aplicar princípios que mais tarde foram sistematizados pela logoterapia, como foi assinalado por Ochs (1968). Assim "o princípio subjacente à terapia dos Ifaluk é logoterapêutico", e o xamã da psiquiatria popular mexicana, o "curandeiro", é um logoterapeuta. Wallace e Vogelson assinalam que os sistemas etnopsiquiátricos muitas vezes usam princípios psicoterapêuticos que só recentemente foram reconhecidos pelos sistemas psiquiátricos do Ocidente. Parece que a logoterapia é um nexo entre os dois... (Ochs, 1969).

Afirmações semelhantes têm sido feitas com relação à psicoterapia morita, outro método oriental. Conforme foi evidenciado por Yamamoto (1968) e Noonan (1969), a terapia morita possui um notável número de semelhanças com a intenção paradoxal de Frankl, e de acordo com Reynolds (1976) os dois métodos empregam

---

[64] Nesse contexto recordo-me de um caso dos arquivos da Dra. Elisabeth Lukas, publicado em *Uniquest* (7, 1977, pp. 32-33): Annelise K., 54 anos, casada, sem filhos, sofrendo profunda depressão, da qual já se tratou com psicofármacos. Contudo, ela continua receosa de recaídas. O método logoterapêutico da intenção paradoxal é usado para mostrar-lhe como controlar seus temores. Foi instruída a afastar-se de sua fobia, a usar seu senso de humor. Foi instruída a usar as formulações seguintes, quando prevê a ansiedade antecipatória: "Veja, chegou de novo o momento de uma de minhas maravilhosas depressões. Faz séculos que não apareciam mais, quem sabe acontecerá hoje na hora da refeição e será ótimo para perder o apetite". Ou então: "Muito bem, querida depressão, tente dominar-me para valer mesmo, mas hoje você não vai conseguir me pegar". Ou: "Não sei o que está acontecendo comigo, não consigo mais ficar deprimida como antes, e antes eu era boa nisso. Devo estar fora de forma. Tudo parece belo e risonho... e deveria ter um aspecto cinza e triste e eu deveria estar em desespero profundo". Nos últimos seis meses a Sra. K. não teve recaídas e deve usar a intenção paradoxal cada vez mais espaçadamente.

"táticas terapêuticas muito semelhantes, descobertas independentemente a milhares de milhas de distância". Mas, como Noonan (1969) assinala, enquanto a terapia morita reflete a visão oriental do universo, a visão ocidental está na base da logoterapia. Reynolds conclui: "Frankl representa uma cultura na qual o individualismo é absoluto e o racionalismo postula a descoberta de objetivos pessoais", enquanto a terapia morita representa uma cultura orientada para o grupo na qual a tradição tem descartado metas individuais.

Assim, a logoterapia tem sido antecipada embora não de maneira sistemática, por indivíduos e povos. Do mesmo modo, entretanto, a logoterapia antecipou muito daquilo que tem sido redescoberto, bem ou mal metodicamente, pelos terapeutas comportamentais. Resumindo, a logoterapia foi antecipada, pelo passado e ela "antecipou o futuro, o qual na última década se fez presente com a logoterapia" (Steinzor, 1969). Por exemplo, conforme a logoterapia, o "medo do medo" surge das apreensões dos pacientes com relação aos efeitos potenciais de seu medo (Frankl, 1953). Uma experiência conduzida por Valins e Ray (citados por Marks, 1969) confirma essa hipótese logoterapêutica: "aos estudantes com fobia por serpentes foi fornecido o som falsificado de seus batimentos cardíacos enquanto viam slides de serpentes. Eles foram levados a acreditar que seus batimentos não se alteraram com a vista das serpentes. Esse procedimento fez decrescer significativamente o medo de cobras".

A logoterapia ensina também que o "medo do medo" induz a "fuga do medo" e que uma fobia acontece de fato quando se instaura esse modelo patogênico de comportamento de fuga. A intenção paradoxal então impede tal fuga por meio de uma inversão total da intenção do paciente de fugir de seu medo (Frankl, 1953). Isso está inteiramente de acordo com a descoberta de Marks (1970) que "a fobia pode ser inteiramente superada apenas quando o paciente enfrenta de novo a situação fóbica". O mesmo princípio é também posto em prática por algumas técnicas comportamentais, como o *flooding* (imersão). Conforme Rachman, Hodgson e Marks (1971) explicam, durante o tratamento por *flooding* o paciente é "encorajado e persuadido a entrar na situação que mais o perturba". Semelhantemente no tratamento comportamental denominado "exposição prolongada", discutido num texto por Watson, Gaind e Marks (1971), o paciente é encorajado a aproximar-se do objeto temido o máximo que puder, e assim a fuga é "desestimulada". Marks (1969) reconhece expressamente que o *flooding* "tem certa semelhança com a técnica da intenção paradoxal". Marks (1974) notou ainda que a técnica da intenção paradoxal é muito "semelhante ao que denominamos modelagem" (Bandura, 1968). Do mesmo modo podem ser descobertas semelhanças com a intenção paradoxal nas técnicas denominadas "provocação de ansiedade", "exposição *in vivo*", "implosão", "ansiedade induzida", "modificação de expectativas" e "exposição prolongada" — ou seja, nas técnicas sobre as quais o primeiro material foi publicado entre 1967 e 1971.

Derreflexão

Dos três modelos patogênicos de comportamento que a logoterapia distingue, dois foram até aqui discutidos: o modelo fóbico, caracterizado pela "fuga do medo", e o modelo obsessivo-compulsivo, que se distingue pela luta contra obsessões e compulsões. Qual então é o terceiro modelo? É o modelo sexual neurótico, que também caracteriza-se pela luta do paciente. Nesse caso, entretanto, o paciente não combate *contra* nada, mas sim *a favor* do prazer sexual. Contudo é um princípio da logoterapia que quanto mais alguém busca um prazer tanto mais ele o perde.

Sempre que potência e orgasmo são um objetivo da intenção, passam a ser também um objetivo da atenção (Frankl, 1952). Os termos que usamos em logoterapia são "hiperintenção" e "hiper-reflexão" (Frankl, 1962). Os dois fenômenos reforçam-se mutuamente de tal modo que se estabelece um mecanismo de *feedback*. Para obter potência e orgasmo, o paciente presta atenção em si mesmo, em seu desempenho e experiência. Com isso, a atenção desvia-se do parceiro e daquilo que ele tem para oferecer em termos de estímulos que possam excitar o paciente. Consequentemente, potência e orgasmo diminuem. Isso, por sua vez, intensifica a hiperintenção e assim fecha-se o círculo vicioso.

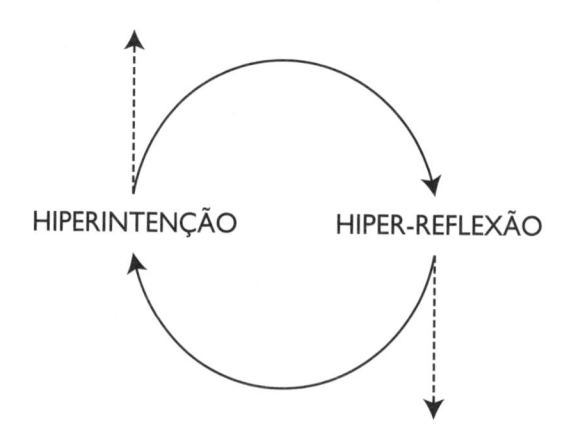

HIPERINTENÇÃO   HIPER-REFLEXÃO

Se quisermos romper o círculo, forças centrífugas devem ser acionadas. Em vez de buscar obter potência e orgasmo, o paciente deveria procurar ser ele mesmo, dar-se a si mesmo. Em vez de observar e vigiar a si mesmo, deveria esquecer-se de si. Com o objetivo de facilitar esse processo — em outros termos, com o objetivo de conter a hiper-reflexão do paciente — foi desenvolvida outra técnica logoterapêutica: "a derreflexão" (Frankl, 1955).

Kaczanowski (1965, 1967) tem relatos de casos que dizem respeito à derreflexão e mais especialmente ao tratamento logoterapêutico da impotência. Quero citar apenas um caso de impotência em que o paciente de Kaczanowski dizia "ter tido a sorte de casar-se com a mais bela mulher entre todas que conhecera" e que muito compreensivelmente "desejava propiciar-lhe o maior prazer sexual possível, pois ela o merecia e certamente esperava". Kaczanowski percebeu que o "desesperado empenho de perfeição sexual do paciente e sua hiperintenção de virilidade poderiam ser a causa de sua impotência". Obteve êxito ajudando o paciente a "ver que o amor verdadeiro tem muitos outros aspectos que merecem cultivo. O paciente compreendeu que, se amava sua esposa, devia dar-se *a si mesmo* a ela, em vez de esforçar-se para levá-la a um clímax sexual. Então ele sentiria o prazer como consequência de sua atitude, não como um objetivo em si mesmo" (Kaczanowski, 1967).

O mais importante é o fato de que, além de atuar contra a frustrante "batalha pelo prazer" do paciente, Kaczanowski utilizou a derreflexão exatamente como a descrevi primeiro em alemão (1946), e em inglês (1952). Kaczanowski disse ao paciente e à esposa que não tentassem manter relações sexuais por um período indeterminado de tempo. Essa orientação libertou o paciente da ansiedade antecipatória. Algumas semanas depois o paciente desobedeceu, a mulher quis recordar-lhe, mas, felizmente, não insistiu. Desde aquele dia suas relações foram normais. (Kaczanowski, 1967). Sou tentado a acrescentar: e eles viveram felizes por muitos anos.

Desenvolvendo essa técnica em minhas publicações, tenho assinalado que na formação da hiperintenção um fator decisivo é uma demanda de qualidade que o paciente atribui à relação sexual. Tal demanda de qualidade pode provir: 1) da situação que parece ser uma daquelas "*Hic Rhodus, hic salta*" (Frankl, 1952); 2) do paciente (e sua luta pelo prazer); 3) ou da parceira. Nos casos da terceira categoria o paciente é potente apenas na medida em que puder ter a iniciativa.

Mais recentemente dois outros fatores vieram fazer parte da etiologia da impotência: 4) as pressões da igualdade de direitos; e 5) as pressões de grupo. Aqui a demanda de qualidade provém da sociedade que cada vez mais preocupa-se com a qualidade do desempenho sexual e enfatiza a importância disso.

Ginsberg, Frosch e Shapiro (1972) assinalaram a "crescente liberdade sexual das mulheres" e, como consequência, "a exigência de desempenho sexual do homem por parte das mulheres apenas liberadas". Stewart (1972), na mesma direção, em um estudo sobre a impotência em Oxford publicado na revista médica *Pulse* aponta que "as mulheres estão aí *exigindo* direitos sexuais". Não espanta parecer que "os rapazes atualmente queixam-se mais frequentemente de impotência", como Ginsberg, Frosch e Shapiro concluem. Tais observações, inteiramente de acordo com muitas outras de outros lugares, reforçam em escala mundial a hipótese logoterapêutica da etiologia da impotência. Como pressões de grupo acrescentam-se a pornografia e a educação sexual, ambas transformadas em grandes indústrias. Estão a serviço delas os "persuasores ocultos", os meios de comunicação de massa, que cultivam um clima de expectativa e de demanda sexual.

Com o objetivo de ilustrar a abordagem logoterapêutica da neurose sexual, cito a primeira publicação em inglês a respeito do problema. O seguinte:

> *Expediente foi criado para remover a demanda de desempenho feita ao paciente por sua parceira. Instruímos o paciente a dizer à parceira*

> *que havia consultado um médico sobre seu problema, o qual lhe havia dito que seu caso não era sério e o prognóstico favorável. A coisa mais importante, porém, era que deveria dizer à ela que o médico proibira absolutamente o coito. A parceira agora não espera atividade sexual e o paciente está "relaxado". Por meio dessa não expectativa de demanda por parte da parceira, sua sexualidade pode expressar-se de novo, sem perturbações ou bloqueios causados pelo sentimento de que algo é exigido ou esperado dele. A parceira, de fato, não apenas é surpreendida quando a potência do homem manifesta-se, mas começa a rejeitá-lo por causa das ordens do médico. Quando o paciente não tem diante de si nenhum outro objetivo a não ser o jogo sexual de ternura, agora, só agora, no desenrolar-se desse jogo é rompido o círculo vicioso.*
> (Frankl, 1952)

Como Sahakian (1972) e outros autores notaram a técnica delineada acima, a qual publiquei por primeiro em alemão (1946), foi confrontada em 1970 por Masterse e W Johnson em sua pesquisa sobre a inadequação sexual humana. Diante da impotência que a logoterapia atribui à ansiedade antecipatória e à hiper-reflexão como fatores patogênicos na etiologia das neuroses sexuais, devemos questionar a afirmativa de Masters e Johnson (1976) que "nem os receios de exigências de desempenho sexual nem o papel de espectador que lhes está conexo foram suficientemente reconhecidos como impedientes do funcionamento sexual efetivo".

A técnica que tornei pública em 1946 é ilustrada pelo seguinte caso, que devo a meu antigo aluno na U. S. International University, Myron J. Horn:

> *Um jovem casal apresentou a queixa de incompatibilidade. A esposa havia dito mais de uma vez ao marido que ele era um amante fracassado e que ela iria começar a ter casos com outros para obter satisfação. Eu lhes sugeri ficarem cada noite da próxima semana pelo menos uma hora na cama, juntos e nus. Disse-lhes que seria bom algum carinho, mas que em circunstância alguma deveria acontecer uma relação sexual. Quando voltaram na semana seguinte, disseram*

> que tentaram evitar, mas que por três vezes tinham tido relações. Fingindo estar zangado, determinei que continuassem a seguir minhas instruções por mais uma semana. No meio da semana telefonaram e disseram que não eram capazes de obedecer e que tinham tido relações várias vezes por dia. Não retornaram mais. Um ano depois encontrei-me com a mãe da moça, que relatou-me que o casal não tivera mais problemas de impotência.

A arte da improvisação desempenha um papel importante no tratamento logoterapêutico da impotência. Devo a Joseph B. Fabry uma história de caso em que possibilidade e necessidade de improvisação podem ser vistas:

> Depois de eu ter feito uma palestra sobre derreflexão, uma das participantes perguntou se ela poderia aplicar a técnica em seu namorado. Ele percebera-se impotente, primeiro com uma garota com a qual ensaiara um breve caso, e agora com Susan. Usando a técnica de Frankl, decidimos que Susan deveria dizer ao namorado que ela estava sob cuidados médicos, e que o doutor prescrevera-lhe remédios e a proibira de ter contatos sexuais por um mês. Poderiam ficar juntos e fazer o que quisessem, menos o ato sexual. Na semana seguinte Susan relatou que a coisa funcionara. Seu namorado era um psicólogo que empregava a orientação de Masters e Johnson para a cura de deficiências sexuais e aconselhava seus próprios pacientes nesse sentido. Quatro semanas mais tarde Susan relatou que ele experimentara uma reincidência, mas que ela o "curara" com suas próprias iniciativas. Como não podia mais repetir a história da consulta médica, disse ao namorado que sentia dificuldade de atingir o orgasmo e pediu-lhe que não tivessem relações aquela noite e que ele a ajudasse em seu problema de orgasmo. Deu certo de novo. Com sua criatividade Susan demonstrou que havia entendido muito bem o mecanismo da derreflexão... E não houve mais problemas de impotência.

As "forças centrífugas", como as denominei no princípio, foram engenhosamente chamadas a atuar por Susan. Como o objetivo de ajudar seu namorado a superar tanto a hiperintenção como a hiper-reflexão, com o objetivo de ajudá-lo a entregar-se e a esquecer de si mesmo, ela representou o papel de uma paciente. Ele recebeu o papel de terapeuta.

O relato que apresento em seguida diz respeito a uma de minhas pacientes que sofria de frigidez, não de impotência. Publiquei um resumo em 1962:

> A paciente, uma jovem, veio até mim queixando-se de ser frígida. A história do caso mostrou que na infância ela tinha sido abusada sexualmente pelo pai. Entretanto, não era em si essa experiência traumática que havia provocado a neurose sexual. Ficou claro que a leitura da literatura psicanalítica popular fez com que ela vivesse o tempo todo na expectativa temerosa de que um dia os efeitos de sua experiência traumática se manifestassem. Essa ansiedade antecipatória levou-a a uma intenção demasiada de demonstrar sua feminilidade e a uma atenção voltada mais para si do que para o parceiro. Isso era suficiente para impedi-la de atingir o pico do prazer sexual, desde que o orgasmo transformara-se em objeto de intenção e de atenção. Mesmo sabendo que a logoterapia iria resolver em pouco tempo, eu disse-lhe que deveria aguardar dois meses na lista de espera. Durante esse tempo, entretanto, ela não deveria preocupar-se com sua capacidade de orgasmo, mas apenas concentrar a atenção no parceiro, a fim de perceber melhor tudo o que o fazia atraente a seus olhos. "Apenas prometa que não fará nada para sentir orgasmo", pedi-lhe eu. "Iremos conversar sobre isso somente daqui a dois meses, quando iniciarmos o tratamento". O que eu havia previsto aconteceu depois de um par de dias, para não dizer noites. Ela voltou para informar que a primeira vez que não se preocupou com o orgasmo, ela o sentiu pela primeira vez.

Darrell Burnett relatou um caso paralelo:

> "Uma mulher que sofria de frigidez ficava observando o que se passava em seu corpo durante a relação sexual, procurando fazer tudo de acordo com os manuais. Foi orientada para direcionar a atenção para o marido. Uma semana depois experimentou um orgasmo."

Agora gostaria de apresentar um caso não publicado de ejaculação precoce tratado por Gustave Ehrentraut que estudou logoterapia na *U.S. International University*. Ele não aplicou a derreflexão, mas sim a intenção paradoxal:

> *Depois dos dezesseis anos Fred foi perdendo progressivamente a habilidade de prolongar a união sexual. Procurei resolver o problema pela combinação de modificação do comportamento, bioenergética e educação sexual. Ele frequentou as sessões por um período de dois meses e não houve nenhuma modificação significativa. Decidi empregar a intenção paradoxal de Frankl. Disse a Fred que não deveria mais preocupar-se com sua ejaculação precoce, que ele não estava em condições de modificar a coisa e que portanto deveria apenas procurar satisfazer-se. Ele deveria tentar chegar a um minuto de relação. Na sessão seguinte, sete dias depois, Fred relatou que teve relações duas vezes na semana e que não conseguira chegar ao clímax em menos de cinco minutos. Disse-lhe que deveria continuar tentando diminuir o tempo. Na semana seguinte ele chegou a sete minutos, na primeira vez e a nove na segunda. Denise, sua parceira declarou que se sentira satisfeita ambas as vezes. Desde aquela entrevista eles não acharam mais necessário retornar.*

Claude Farris é um "conselheiro" da Califórnia que uma vez tratou de outro tipo de neurose sexual e, como Gustave Ehrentraut, usou a intenção paradoxal:

> *O senhor e a senhora Y. foram encaminhados a mim pelo ginecologista da senhora Y. Ela sentia dor durante o contato sexual. Estavam casados há três anos e disseram que tinham um problema desde o início do casamento. A senhora Y. havia sido educada num convento de religiosas católicas, e o sexo era para ela um assunto tabu. Então eu dei-lhe instruções para usar a intenção paradoxal. Foi instruída não para procurar o relaxamento da área genital, mas para contraí-la o máximo que pudesse e para procurar tornar impossível a penetração do marido, e ao marido foi dito que tentasse com todo esforço penetrá-la. Voltaram uma semana depois e disseram que seguiram*

> *as instruções e que pela primeira vez haviam conseguido uma relação sem dor. Mais três sessões semanais deixaram claro que não haveria retorno dos sintomas. A intenção paradoxal foi eficaz em muitos casos de minha experiência e com frequência ainda me ajuda na solução de problemas.*

O que acho mais notável no modo criativo de Farris lidar com o problema é a ideia de obter a relaxação com a intenção paradoxal. O que vem à mente nesse contexto é um experimento que David L. Norris, um pesquisador da Califórnia, numa ocasião dirigiu. Steve S., o sujeito, "procurava ativamente relaxar-se. O medidor eletromiográfico que uso em minhas experiências indicava constantemente um nível muito elevado (50 microamperes) até o momento em que disse-lhe que ele provavelmente não conseguiria jamais aprender a relaxar-se e que deveria resignar-se com o fato de que sempre seria tenso. Alguns minutos mais tarde Steve S. exclamou: 'Diabos! Eu desisto' e no mesmo instante o ponteiro abaixou para um indicador mais fraco (10 microamperes), com tanta rapidez que eu pensei que o aparelho desligara-se. Nas sessões seguintes Steve S. obteve sucesso porque não fazia esforço para relaxar-se".

Edite Weisskopf-Joelson relatou algo semelhante: "Eu havia passado recentemente por um treinamento de Meditação Transcendental, mas desisti depois de algumas semanas, pois vejo que medito bem quando o faço espontaneamente, mas quando começo a agir metodicamente logo paro de meditar".

Videant cônsules e conselheiros.

Pós-escrito

Quanto à eficácia da intenção paradoxal, Y. Lamontagne "tratou em quatro sessões um caso de eritrofobia que já durava 12 anos". L.M. Ascher assinala que "a intenção paradoxal era eficaz mesmo quando as expectativas dos clientes eram de que a técnica não funcionaria". Ascher nota ainda que "os acompanhamentos revelaram o não retorno dos sintomas" (Veja-se também L.M. Ascher e J. S. Efran "Use of Paradoxical Intentition in a Behavioral Program for Sleep Onset Insomnia". *Journal of Consulting and Clinical Psychology*, 46, 1978, pp. 547-550). R.M. Turner e L.M. Ascher foram os primeiros que procuraram a "validação experimental controlada da eficácia clínica" da intenção paradoxal em confronto com outras estratégias comportamentais, como a relaxação progressiva e o controle do estímulo. Eles evidenciaram que "a intenção paradoxal reduziu significativamente as queixas de insônia, em contraste com o uso de placebo e grupos de controle". Ascher assinalou também que "as técnicas comportamentais desenvolveram-se com a tradução da intenção paradoxal em termos de aprendizado... o componente paradoxal da implosão técnica é evidente" (O que quer significar com "implosão" é na realidade "saciação").

I.D. Yalom pensa que a intenção paradoxal também "antecipou as técnicas similares da prescrição do sintoma e paradoxo empregadas pelas escola de Milton Erikson, Jay Haley, Don Jackson e Paul Watzlawick" *(Existential Psychotherapy, p. 10).*

Referências Bibliográficas

AGRAS, W. S. (ed.), *Behavior Modification: Principles and Clinical Applications*. Boston, Little, Brown and Company, 1972.

ALLPORT, G. W. Preface, in V. E. Frankl, *From Death-Camp to Existentialism*, Boston, Beacon Press, 1959.

_____. *Personality and Social Encounter*. Boston, Beacon Press, 1960.

BANDURA, A. "Modelling Approaches to the Modification of Phobic Disorders", in *The Role of Learning in Psychotherapy*. London, Churchill, 1968.

BENEDIKT, F. M. Zur Therapie Angst-und Zwangsneurotischer Symptome Mit Hilfe der "Paradoxen Intention" und "Dereflexion" nach V. E. Frankl. Dissertation, University of Munich, 1968.

BRIGGS, G. J. F. "Courage and Identity". Paper read before the Royal Society of Medicine, London, April 5, 1970.

BUHLER, C., ALLEN, M. *Introduction to Humanistic Psychology*. Monterey, Brooks-Cole, 1972.

BÜHLER, C. (1970), Group psychotherapy as related to problems of our time, *Interpersonal Development*, 1, pp. 3-5.

BÜHLER, C., ALLEN, M. (1972), *Introduction into Humanistic Psychology*, Belmont: Brooks/Cole.

DILLING, H., H. ROSEFELDT, G. KOCKOTT, HEYSE, H. "*Verhaltenstherapie bei Phobien, Zwangsneurosen, sexuellen Störungen und Süchten*". Fortschr. Neurol. Psychiat, 39, 1971, pp. 293-344.

FRANKL, Viktor E. "*Zur geistigen Problematik der Psychotherapie*". Zentralblatt für Psychotherapie, 10, 1938, p. 33.

_____. (1955), "The Doctor and the Soul: From Psychotherapy to Logotherapy", Bantam Books, New York.

_____. (1962), *Man's Search for Meaning: An Introduction to Logotherapy*. Beacon Press, Boston.

_____. (1966), Self-transcendence as a human phenomenon, *J. Humanistic Psych.*, 6, pp. 97-106.

FRANKL, Viktor E. (1967), "Psychotherapy and Existentialism: Selected Papers on Logotherapy". Simon and Schuster, New York. Holmes, R.M. (1970), Alcoholics anonymous as group logotherapy, *Pastoral Psych.*, 21, pp. 30-36.

_____. "The Pleasure Principie and Sexual Neurosis". *The International Journal of Sexology*, 5, 1952, p. 128.

_____. "Zur medikamentösen Unterstützung der Psychotherapie bei Neurosen". *Schweizer Archiv für Neurologie und Psychiatrie*, 43, 1939, pp. 26-31.

_____. *Ärztliche Seelsorge*. Vienna. Deuticke, 1946.

_____. *Die Psychotherapie in der Praxis*. Vienna, Deuticke, 1947.

_____. "The Pleasure Principle and Sexual Neurosis". *International Journal of Sexology*, 5, 1952, pp. 128-130.

_____. "Angst und Zwang". *Acta Psychotherapeutica*, 1, 1953, pp. 111-120.

_____. *The Doctor and the Soul: From Psychotherapy to Logotherapy*. New York, Knopf, 1955.

_____. *Theorie und Therapie der Neurosen*. Vienna, Urban & Schwarzenberg, 1956.

_____. "On Logotherapy and Existential Analysis". *American Journal of Psychoanalysis*, 18, 1958, pp. 28-37.

_____. "Beyond Self-Actualization and Self-Expression". Paper read before the Conference on Existential Psychiatry, Chicago, December 13, 1959.

_____. "Paradoxical Intention: A Logotherapy Technique". *American Journal of Psychotherapy*, 14, 1960, pp. 520-535.

_____. *Man's Search for Meaning: An Introduction to Logotherapy*, Boston, Beacon Press, 1962.

_____. "Logotherapy and Existential Analysis: A review". *American Journal of Psychotherapy*, 20, 1966, pp. 252-260.

_____. *Psychotherapy and Existentialism: Selected papers on Logotherapy*. New York, Washington Square Press, 1967.

_____. *The Will to Meaning: Foundations and Applications of Logotherapy*. New York, New American Library, 1969.

GERZ, H.O. "The Treatment of the Phobic and the Obsessive- Compulsive Patient Using Paradoxical Intention sec. Viktor E. Frankl". *Journal of Neuropsychiatry*, 3, 6, 1962, pp. 375-387.

GINSBERG, George L., FROSCH, William A., SHAPIRO, Theodor. "The New Impotence". *Arch. Gen. Psychiat.*, 26, 1972, p. 218.

_____. "Experience with the Logotherapeutic Technique of Paradoxical Intention in the Treatment of Phobic and Obsessive-Compulsive Patients." *American Journal of Psychiatry*, 123, 5, 1966, pp. 548-553.

Irenaeus Eibl-Eibesfeldt, *Frankfurter Allgemeine Zeitung* (February 28, 1970).

GINSBERG, G.L., W.A. Frosch, and T. Shapiro, "The New Impotence". *Arch. Gen. Psychiat*, 26, 1972, pp. 218-220.

HAND, I., LAMONTAGNE, Y., MARKS, I.M. "Group Exposure (Flooding) *in vivo* for Agoraphobics". *Brit. J. Psychiat*, 124, 1974, pp. 588-602.

HAVENS, L.L. "Paradoxical intention". *Psychiatry & Social Science Review*, 2, 2, 1968, pp. 16-19.

HENKEL, D., SCHMOOK, C., BASTINE, R. *Praxis der Psychotherapie*, 17, 1972, p. 236.

HUBER, J. *Through an Eastern Window*. New York: Bantam Books, 1968.

JACOBS, M. "An Holistic Approach to Behavior Therapy". In LAZARUS, A.A. (ed.), *Clinical Behavior Therapy*. New York, Brunner-Mazel, 1972.

KACZANOWSKI, G. In BURTON, A. (ed.), *Modern Psychotherapeutic Practice*, Palo Alto, Science and Behavior, 1965.

_____. "Logotherapy: A New Psychotherapeutic Tool". *Psychosomatics*, 8, 1967, pp. 158-161.

KOCOUREK, K., NIEBAUER, E., POLAK, P. *"Ergebnisse der Klinischen Anwendung der Logotherapie"*. In FRANKL, Viktor E., VON GEBSATTEL, V. E., SCHULTZ, J.H. (eds.), *Handbuch der Neurosenlehre und Psychotherapie*. Munich, Urban & Schwarzenberg, 1959.

KVILHAUG, B. *"Klinische Erfahrungen mit der logotherapeutischen Technik der Paradoxen Intention"*. Paper read before the Austrian Medical Society of Psychotherapy, Vienna, July 18, 1963.

LAPINSOHN, L.I."Relationship of the Logotherapeutic Concepts of Anticipatory Anxiety and Paradoxical Intention to the Neurophysiological Theory of Induction". *Behav neuropsychiat,* 3, pp. 3-4, 1971, pp. 12-24.

LAZARUS, A.A. *Behavior Therapy and Beyond.* New York, McGraw-Hill, 1971.

LEHEMBRE, J. *"L'intention paradoxale, procédé de psychothérapie". Acta Neurologica et Psychiatrica Belgica,* 64, 1964, pp. 725-735.

LESLIE, R.C. *Jesus and Logotherapy: The Ministry of Jesus as Interpreted through the Psychotherapy of Viktor Frankl.* New York, Abingdon, 1965.

LORENZ, K. *On Aggression.* New York, Bantam, 1967.

LYONS, J. "Existential Psychotherapy". *Journal of Abnormal and Social Psychology,* 62, 1961, pp. 242-249.

MARKS, I.M. Fears and Phobias. New York, Academic Press, 1969.

_____. "The Origin of Phobic States". *American Journal of Psychotherapy,* 24, 1970, pp. 652-676.

_____. "Paradoxical Intention". In AGRAS, W.S. (ed.). *Behavior Modification.* Boston: Little, Brown and Company, 1972.

_____. *"Treatment of Obsessive-Compulsive Disorders".* In STRUPP, H.H. et al. (eds.). *Psychotherapy and Behavior Change* 1973. Chicago, Aldine, 1974.

MASTERS, W.H., JOHNSON, V. E. "Principles of the New Sex Therapy". *Am. J. Psychiatry.* 133, 1976, pp. 548-554.

MASLOW, Abraham H. *Religions, Values and Peak-Experiences.* Columbus, Ohio State University Press, 1964.

MEDLICOTT, R.W. "The Management of Anxiety". *New Zealand Medical Journal,* 70, 1969, pp. 155-158.

MULLER-HEGEMANN, D. "Methodological Approaches in Psychotherapy". *American Journal of Psychotherapy.* 17, 1963, pp. 554-568.

NOONAN, J. Robert. "A Note on an Eastern Counterpart of Frankl's Paradoxical Intention". *Psychology,* 12, 1969, pp. 147-149.

OCHS, J.M. "Logotherapy and Religious Ethnopsychiatric Therapy". Paper presented to the Pennsylvania Sociological Society at Villanova University, 1968.

PERVIN, L.A. "Existentialism, Psychology, and Psychotherapy". *American Psychologist.* 15, 1960, pp. 305-309.

POLAK, P. "Frankl's Existential Analysis". *American Journal of Psychotherapy.* 3, 1949, pp. 517-522.

RACHMAN, S., HODGSON, R., MARKS, I.M. "The Treatment of Chronic Obsessive-Compulsive Neurosis". *Behac. Res. Ther,* 9, 1971, pp. 237-247.

RASKIN, David E., KLEIN, Zanvel E. "Losing a Symptom Through Keeping It: A Review of Paradoxical Treatment Techniques and Rationale". *Archives of General Psychiatry,* 33, 1976, pp. 548-55.

REYNOLDS, D.K. *Morita Psychotherapy.* Berkeley, University of California Press, 1976.

SAHAKIAN, W. S., SAHAKIAN, B.J. "Logotherapy as a Personality Theory". *Israel Annals of Psychiatry.* 10, 1972, pp. 230-44.

SOLYOM, L., GARZA-PEREZ, J., LEDWIDGE, B.L., SOLYOM, C. "Paradoxical Intention in the Treatment of Obsessive Thoughts: A Pilot Study". *Comprehensive Psychiatry.* 13, 1972, 3, pp. 291-297.

SPIEGELBERG, H. *Phenomenology in Psychology and Psychiatry.* Evanston, Northwestern University Press, 1972.

STEINZOR, B. In *Psychiatry & Social Sicence Review,* 3, 1969, pp. 23-28.

STEWART, J.M. In *Psychology and Life Newsletter,* 1,1, 1972, p. 5.

SPIEGELBERG, H. (1972), *Phenomenology in Psycology and Psychiatry,* Northwestern University Press, New York. Yalom, I.D. (1970) "The Theory and Practice of Group Psychotherapy", Basic Books, New York.

TEWWDIE, D.F., *Logotherapy and the Christian Faith: An Evaluation of Frankl's Existential Approach to Psychotherapy.* Grand Rapids, Baker Book House, 1961.

URGERSMA, A.J., *The Search for Meaning.* Philadelphia, Westminster Press, 1961.

VICTOR, R.G., KRUG, C.M. "Paradoxical Intention in the Treatment of Compulsive Gambling." *American Journal of Psychotherapy,* 21, 1967, pp. 808-814.

WATSON, J.P., GAIND, R., MARKS, I.M. "Prolonged Exposure." *Brit Med. J.,* 1, 1971, pp. 13-15.

WEISSKOPF-JOELSON, E. "Some Comments on a Viennese School of Psychiatry". *Journal of Abnormal and Social Psychology,* 51,1955, pp. 701-703.

_____. "The Present Crisis in Psychotherapy". *The Journal of Psychology,* 69, 1968, pp. 107-115.

YAMAMOTO, I. *"Die Japanische Morita-Therapie in Vergleich zu der Existenzanalyse und Logotherapie Frankls".* In BITTER, W. (ed.), Abendländische Therapie und östliche Weisheit, Stuttgart, Klentt, 1958.

The Doctor and the Soul. New York, Knopf, 1955.

YATES, A.J., *Behavior Therapy.* New York, Wiley, 1970.

Man's Search for Meaning. New York, Washington Square Press, 1963.

Bibliografia em Português

Obras de Viktor Frankl

Teoria e terapia das neuroses, É Realizações, São Paulo, 2016.

O sofrimento de uma vida sem sentido (*Das Leiden am sinnlosen Leben*), É Realizações, São Paulo, 2015.

A busca de Deus e questionamentos sobre o sentido (*Gottsuche und Sinnfrage*), Editora Vozes, Petrópolis, 2013-2014 (2ª edição).

O homem em busca de um sentido (*Man's search for meaning*), Lua de Papel, Alfragide, 2012-2017.

A vontade de sentido: fundamentos e aplicações da Logoterapia, Editora Paulus, São Paulo, 2011.

O que não está escrito nos meus livros - memórias (*Was nicht in meinen Büchern steht*), É Realizações, São Paulo, 2010-2015.

Logoterapia e análise existencial: textos de seis décadas, Editora Forense Universitária, Rio de Janeiro, 2012-2014.

Logoterapia e análise existencial: textos de cinco décadas. Editorial Psy II, São Paulo, 1995.

Psicoterapia para todos: uma psicoterapia coletiva para contrapor-se à neurose coletiva, Editora Vozes, Petrópolis, 1990-1991.

Sede de sentido, Editora Quadrante, São Paulo, 1989.

Em busca de sentido: um psicólogo no campo de concentração (*...trotzdem Ja zum Leben sagen / Man's search for meaning*), Editora Sinodal, São Leopoldo; Editora Vozes, Petrópolis, 1985-2013 (33ª edição).

A presença ignorada de Deus, Editora Sulina, Porto Alegre, 1986; Imago, Rio de Janeiro, 1993; Editora Sinodal, São Leopoldo, 2010 (12ª edição, revista); Editora Vozes, Petrópolis.

Fundamentos antropológicos da psicoterapia, Zahar Editores, Rio de Janeiro, 1978.

A psicoterapia na prática. Editora Pedagógica e Universitária, São Paulo, 1976.

Psicoterapia e sentido da vida: fundamentos da Logoterapia e análise existencial (*Aerztliche Seelsorge / The doctor and the soul*), Editora Quadrante, São Paulo, 1973-2003.

O homem incondicionado, Armênio Amado, Coimbra, 1968.

Um psicólogo no campo de concentração, Editorial Aster, Lisboa, 1963-1968.

Índice Analítico

A

Acaso e necessidade – 66.
Adams, E. Kim – 104.
Adler, Alfred – 15, 65, 98.
Agorafobia – 126-121, 148.
Agostinho, Santo – 106.
Agras, W. Stewart – 127.
Agressão – 25, 71, 74, 76.
Alcoolismo – 27.
Alienação – 78-79.
Allen, Melanie – 68, 118.
Allport, Gordon – 118, 126.
Alucinação – 78-79.
American Journal of Psychiatry, The, – 43.
Amor – 18, 44, 52, 70, 71, 76-77, 80, 83-85, 88, 109-110, 113.
Ansiedade, antecipação – 52, 55, 59, 88, 102, 113-105, 119-121, 127-128, 130, 132, 142, 145, 153, 155, 157, 159.
Aquino, Tomás de, – 49.
Arnold, Magda B. – 51.
Ascetismo – 96, 99-100.
Autocompreensão ontológica – 63.
Autodistanciamento – 13-14, 55, 75, 125-126, 136.
Autoexpressão – 69, 70, 77, 92.
Autointerpretação – 61.
Autorrealização – 36, 97.
Autorrevelação – 93.
Autotranscendência – 13, 36, 50, 56, 65, 70-71, 75, 77, 80, 82-83, 87, 92, 97, 126.

B

Bachelis, Leonard – 14.
Bacon, Yehuda – 42.
Becker, E. – 61.
Bedoya, Elizabeth – 127.
Benedikt, Friedrich M. – 134, 137.
Bertalanffy, Ludwig von – 57, 96.
Bloch, Ernst – 93.
Bertolt – 34.
Brentano, Franz – 56, 69.

Briggs, G.J.F. – 132-133.
Brown, Bob – 43.
Broyard, Anatole – 31.
Buber, Martin – 68, 70-71, 135.
Bühler, Charlotte – 68, 81.
Bühler, Karl – 69,
Burglass, Milton E. – 131.
Burnett, Darrel – 123, 159.
Byers, Warren Jeffrey – 103.

C

Campos de concentração – 36, 50, 94.
Camus, Albert – 22.
Casciani – 43.
Centro de Higiene Mental de Bellevue, WA – 25.
Chauvinismo – 96.
Ciência, pluralismo da – 48.
Claustrofobia – 129.
Coexistência – 69-70.
Comercialismo (esportes) – 96.
Comunicação – 69.
Condicionamento – 13, 15, 50, 54, 56-57, 59-60, 64, 91, 128.
Condicionado, reflexo – 15, 127-128.
Conformismo – 24.
Consciência – 22, 35, 45, 59, 67, 72, 107, 110, 112, 138.
Contratransferência – 78.
Crescimento – 65, 87, 117.
Criatividade – 92, 158.
Criminoso – 53-55, 140.
Crise da meia idade – 19.

D

Dansart, Bernard – 24, 43.
Death, the Final Stage of Growth (Elisabeth Kubler-Ross) – 42.
Depressão – 25, 53, 65, 149-151.
Derreflexão – 37, 87, 103, 118, 155, 158.
Desejo de viver (sobrevivência) – 14, 23, 34-37, 75, 93, 150.
Dessensibilização – 129.
Determinismo – 47, 50-51, 54-55, 57-58, 64.

Deus – 53, 67, 111-112.
Diálogo – 14, 33, 67, 70, 77, 111, 144.
Dilling, H. – 119, 127.
Dimensão – 13, 15, 21, 44-45, 48-50, 59, 66-70, 126.
Dimensão humana – 13, 15, 21, 49-50, 68.
Doctor and the Soul, The (Viktor E. Frankl) – 75.
Dor – 45, 73, 160-161.
Drogas – 26, 93, 139.
Doutrinação – 60, 72.
Durlak – 43.

E

Ebner, Ferdinand – 68, 70-71.
Educação – 43, 78, 98, 156, 160.
Ehrentraut, Gustave – 160
Eibl-Eibesfeldt, Irenaeus – 84.
Einstein, Albert – 35.
Ejaculação precoce – 91, 160.
Emoção – 112.
Encontro – 20, 24, 45, 68-71, 76-84, 92, 114, 134, 137-138, 147.
Envelhecendo – 109.
Erickson, Milton N. – 144.
Esporte – 25, 96, 99-102, 104.
Esquizofrenia – 89-90, 139, 146.
Estresse – 98-99.
Etiologia da doença mental – 21, 24, 53, 65, 156-157.
Etnopsiquiatria – 151.
Existencialismo – 11-12, 58, 106-108, 114.
Exposição prolongada – 153.

F

Fabry, Joseph B. – 54, 55n, 137n, 158n.
Farris, Claude – 160-161.
Fatalismo – 54, 75, 107, 114.
Fechtmann, Freddie – 26.
Felicidade – 35, 37, 45, 73, 79, 86-87, 101, 110, 112.
Fenichel, O. – 132.
Fenômeno humano – 13, 15, 19, 21-22, 24, 38, 50, 56, 58-59, 63-64, 66, 68-70, 74, 80, 83, 85-86, 96, 126.
Fenomenologia – 69.
Flooding – 153.
Fobia – 119-120, 123, 126-127, 129-130, 137, 148, 151n, 152, 162.
Forstmeyer, Annemarie von – 27.

Fraiser, Alvin R. – 27.
Freud, Sigmund – 12, 15, 18, 21, 28, 51, 54, 65, 74, 78, 79, 85, 90, 98, 123, 131-132.
Frigidez – 37, 87, 159.
Frosch, W.A. – 156.
Frustração existencial – 21-22, 24, 32, 34, 79, 86.
Furness, Pauline – 135.
Futuro, ativismo do – 114.

G

Gaind, R. – 153.
Gehlen, Arnold – 49.
Gerz, Hans O. – 119, 122, 132, 137.
Gestáltica, percepção – 40.
Ginsberg, G.L. – 88, 156.
Goethe, Johann Wolfgang von – 31, 62, 91.
Goldstein, Kurt – 97.
Goodwin, Brian – 91.
Gray, R.N. – 60.
Grupo – 27, 35, 37, 45, 61, 71, 79-82, 84, 103, 126, 131, 142, 151-152, 156, 162.
Gusenbauer, Ilona – 102.

H

Haley, Jay – 144, 162.
Hand, I. – 126.
Harrington, Donald Szantho – 132.
Hartmann, Nicolai – 50.
Havens, L.L. – 132.
Heidegger, Martin – 49, 109.
Henkel, D. – 119.
Hereditariedade – 21, 53.
Hess, W.R. – 74.
Heyse, H. – 127.
Hiperdiscussão – 81.
Hiperintenção – 79, 81, 102-104, 154-156, 158.
Hiperinterpretação – 61.
Hiper-reflexão – 81, 154-155, 157, 159.
Hipertrofia do sentido – 65.
Hipnose – 138.
Hipocrisia – 78, 86.
Hipotrofia do sentido – 65.
Histeria – 91.
Hodgson, R. – 153.
Hoelderlin, Friedrich – 90, 99.

Hofstätter, Peter R. – 71.
Homeostase – 84, 96-97.
Horn, Myron J. – 157.
Huber, J. – 146.
Humanismo – 11-12, 15, 47, 60, 64.
Humor – 14, 124-126, 139-141, 151n.
Husserl, Edmund – 56, 69.

I

Ifaluk – 151.
Impotência – 88, 91, 155-159.
Incontinência – 79.
Industrial – 57n, 77.
Infância – 12, 53, 54, 137, 159.
Inferioridade, sentimento de – 81, 98.
"Influência do ambiente étnico, do sexo e da imagem paterna sobre a relação entre toxicodependência e projeto de vida", (Betty Lou Padelford) – 25.
Insônia – 144-145, 149, 162.
Intenção paradoxal – 13, 37, 87, 102-104, 118-119, 121-137, 140-145, 147-148-153, 160-162.
Instituto de Logoterapia (Berkeley, CA) – 102, 137n.
Instituto Nacional de Higiene Mental – 32-33.

J

Jacobs, M. – 119, 122, 129-130.
Jacobson. Robert L. – 32n, 129.
Jaspers, Karl – 114.
Johnson, V. E. – 157-158.

K

Kaczanowski, Godfryd – 118-119, 122, 155.
Kairós – 41.
Katz, Joseph – 32.
Kell, W.L. – 55.
Klein, Zanvel E. – 125.
Kockott, G. – 127.
Kocourek, K. – 137, 139-143.
Korzep, Robert L. – 102.
Kotchen, Theodore A. – 35.
Kratochvil, S. – 32, 43.
Kreisky, Bruno – 23.
Krippner, Stanley – 26.

Krug, Carolyn M. – 119, 122, 137.
Kübler-Ross, Elisabeth – 42-43.
Kvilhaug, Bjarne – 13, 126.

L

Lange, Johannes – 53.
Lapinsohn, L.I. – 127.
Lazarus, A.A. – 125, 127.
Lehembre, J. – 119, 135.
Leslie, Robert C. – 118.
Lifton, Robert Jay – 101.
Liberdade – 11, 50-52, 55, 64, 72, 86, 88, 95, 156.
Libido cathesis – 71, 86, 101.
Linguagem – 69, 92.
Linn, Lawrence S. – 26.
Loch, Wolfgang – 14, 93.
Logos – 56, 70-71, 73, 77.
Logoterapia – 11, 13-15, 17, 20-21, 23, 27, 31, 36-37, 39, 46, 68, 82, 102-103, 107-110, 114, 117-120, 125-127, 132, 134-135, 137, 147, 151-152, 154, 157, 159-160.
Logotherapy Institute of the U.S. (San Diego, CA) – 102, 137n.
Lorenz, Konrad – 28, 47, 59, 74, 76, 88, 125.
Lukas, Elisabeth S. – 24, 31, 35, 43, 151n.
Lunceford, Ronald D. – 43.
Lyons, J. – 118.

M

Maholick, Leonard T. – 24.
Mandel, Jerry – 23.
Man's Search for Meaning (Viktor E. Frankl) – 133-134.
Marks, Isaac M. – 119-120, 152-153.
Marshal, Karol – 25.
Martin, Barbara W. – 131.
Maslow, Abraham H. – 29, 33-34, 84.
Mason, Robert L. – 43.
Masters, W.H. – 157-158.
Masturbação – 84-85.
Meditação – 161.
Medlicott, R.W – 119, 122, 145.
Medo:
    de fracassar – 122.
    de voar – 30, 123, 129.

de transpirar – 125, 131, 135.
do medo – 119-120, 152.
fuga do – 120-121, 154.
Meier, Augustine – 43.
Meshoulam, Uriel – 150.
Metassexual – 84.
Meta-significado – 67.
Mirin, Steven M. – 26.
Monadologia – 56, 71.
Monod, Jacques – 66.
Moreno, Jacob L. – 68.
Morte – 19-20, 34, 35n, 42, 73, 93, 95, 110, 115-117.
Morte de Ivan Ilyich, A (Leo Tolstoy) Muller-Hegemann, D. – 42, 95.
Murphy, Leonard – 43.

N

Narcotic Addict Rehabilitation Center (Norco, CA) – 27.
National Commission on Marijuana and Drug Abuse – 26.
Neurose:
    da desocupação – 23.
    de massa – 15-16, 21, 24-25, 27, 93.
    mitologia –13.
    noogênica – 14, 20, 98.
    obsessivo-compulsiva – 91, 119, 130, 137, 139, 143.
    sexual – 76-78.
    sociogênica – 21.
Nicolau de Cusa – 48.
Niebauer, K. E. – 119, 137.
Nietzsche, Friedrick Wilhelm – 90.
Niilismo – 58-59, 94.
Noonan, J. Robert – 151-152.
Norris, David L. – 161.
Nowlis, Helen H. – 26.

O

Objetificação – 80.
Obsessão, Blasfêmia – 121n.
Ócio – 23, 34, 99.
Ochs, J.M. – 151.
Ódio – 76.

P

Padelford, Betty Lou – 25-26.
Pandeterminismo – 47, 51, 54-55, 57-58.
Paracelso – 20.
Paraquedismo – 104.
Pascal, Blaise – 63.
Pavlov, Ivan Petrovich – 15.
Permissividade – 79, 98n.
Pervin, Lawrence A. – 118.
Pesadelo – 145.
Pessimismo do presente – 108.
Petrilowitsch, Nikolaus – 13-14.
Pílula, a – 87-88, 144, 146.
Planova, I. – 32, 43.
Platão – 106.
Polak, Paul – 118-119.
Popielski, Kazimierz – 43.
Pornografia – 85, 156.
Portmann, Adolf – 49.
Potencial humano – 30, 72, 85n.
Prisioneiros de guerra – 36.
Privacidade existencial – 77.
Procusto, leito de – 15, 91.
Promiscuidade – 77, 85.
Prostituição – 78.
Psicanálise – 12-14, 54n, 65, 128.
Psicodinâmico – 54.
Psicologia –
    das alturas – 30.
    do profundo – 30, 90.
    humanística – 11, 118.
    individual – 65.
Psicose – 21, 53, 64-65, 90, 120.
Psicoterapia – 12-13, 17, 26, 127, 151.
Psicoterapia Morita – 151.
Psiquiatria – 11-13, 50, 54, 89-90, 118, 151.
Puritanismo – 78.
Pynummootil, Abraham George – 133.

Q

Quietismo – 106-107, 114.

R

Rachman, S. – 153.

Ramirez, Larry – 123, 125.
Raphael, Mary – 35.
Raskin, David E. – 125.
Realidade – 19, 29-31, 33, 40-41, 43, 45n, 48-49, 51, 54-56, 58, 69-70, 72-74, 80-81, 84, 93, 97-98, 100-101, 107, 109-110, 112, 114-117, 139, 141, 162.
Reducionismo – 15, 39, 58-60, 83, 92.
Reflexos – 15, 49, 56, 60, 127-128.
Reificação – 80.
Relaxação – 80-81, 129-130, 162.
Religião – 43, 67.
Responsabilidade social – 95.
Reynolds, David K. – 151.
Richmond, Bert. O. – 43.
Rogers, Carl – 55.
Romantismo – 84.
Rosefeldt, H. – 127.
Ruven, A.K. – 150.

S

Sabedoria – 63, 67.
Sadiq, Mohammed – 124-125, 144-145.
Sahakian, Barbara J. – 157.
Sahakian, William S. – 157.
Sartre, Jean-Paul – 58.
Scheler, Max – 49, 54.
Schoelpple, Clay – 104.
Schopenhauer, Arthur – 98.
Schulte, Werner – 98.
Schultz, J.H. – 80.
Selye-Hans – 98.
Sentidos – 39-41, 43-45, 100.
Shapiro, T. – 156.
Shean, Glenn D. – 26.
Sheen, Fulton J. – 64.
Sherif, Carolyn Wood – 37, 100.
Shrader, Raymond R. – 35.
Situação socioeconômica – 33.
Skinner, B.F. – 15, 18, 57.
Smith, Virgínia – 43.
Sociedade afluente – 57n, 98-99.
Socrático – 33.
Solidão – 67, 77.
Solyom, L.J. – 119, 122.

Sonho – 19, 117, 145.
Spiegelberg, H. – 56n, 69, 118.
Sub-humanismo – 15.
Sucesso – 14, 19n, 27, 35, 42, 44-45, 87, 101-103, 118, 126, 128, 131-135, 137, 139, 143, 147, 149, 161.
Sugestão – 132-134.
Suicídio – 18-19, 22, 25, 32, 45, 52, 75, 93-94, 120.

T

Tédio – 98.
Teleologia – 67.
Tensão – 14, 79, 81, 84-85, 96, 98, 103, 129.
Teoria da motivação – 33, 100.
Teoria do instinto – 13n.
Terapia através do sentido (Viktor E. Frankl) – 17.
Terapia Behaviorista – 13, 132.
Testes – 24, 31, 43-44.
Totalitarismo – 24.
Tradições – 24, 40, 86.
Transcultural Psychiatry – 145,
Transitoriedade da vida – 106, 108, 111.
Tremor – 124-125, 150.
Tweedie, Donald F. – 118.

U

Unconscious God: Psychotherapy and Theology, The (Viktor E. Frankl), & – 11.
Ungersma, Aaron J. – 118.

V

Vaginismo – 160.
Valins – 152.
Vazio existencial – 22, 24-27, 81, 98.
Vich, Miles A. – 29n.
Victor, Ralph G. – 119, 122, 137.
Violência – 93.
Vogelson – 151.
Vontade – 29, 37, 39, 80, 92, 98, 150.

W

Wallace – 151.
Watson, J.P. – 15, 153.
Weisskopf-Joelson, Edith – 61, 65, 118-119, 122, 132, 161.
Wundt, Wilhelm – 73.

Y
Yalom, Irvin – 78, 162.
Yamamoto, I. – 151.
Yarnell, Thomas D. – 43.
Yates, A.J. – 143.
Young, Diana D. – 24, 43.

Z
Zen – 146-148, 150-151.

Esta obra foi composta em CTcP
Capa: Supremo 250g – Miolo: Pólen Soft 70g
Impressão e acabamento
Gráfica e Editora Santuário